DER KÖNIG DER WÄLDER

BURKHARD STÖCKER

DER KÖNIG DER WÄLDER

IM REICH DES ROTWILDES

KOSMOS

Den Hirsch zu jagen,
sein Fleisch zu essen
und sein Fell zu tragen
ist Menschsein von Anbeginn.

KÖNIGE, FÜRSTEN UND RITTER

Nur die Kronen von Schwarzerlenwäldern begrenzen meinen Horizont. Ich sitze am Rande einer großen Schilfwiese, die nur alle paar Jahre einmal gemäht wird – die Erlen sollen nicht vollständig von ihr Besitz ergreifen. Zwei Kraniche stolzieren durch die lichten Halme – ich weiß, dass sie ihr kleines rostbraunes Junges führen, kann es in der hohen Vegetation jedoch nicht ausmachen. Weit hinein in den Erlenbruch, dort wo auf den Trockeninseln mächtige, alte Eichen stehen, haben Schwarzstorch und Seeadler ihren Horst.

Bald schon sehe ich schemenhaft durch den Erlenbruch die ersten roten Leiber anwechseln. Und dann schieben sie sich einer um den anderen aus dem Bruchwald, die „Bastkönige", in ihren prächtigen rostroten Gewändern. Mit den hellen Halmen des vorjährigen Rohrs und dem frischen Grün der noch jungen diesjährigen Schilfhalme bilden sie einen wundervollen farblichen Dreiklang.

Ruhe nach Sturm

Gleich nach der Brunft wird das Leben der bis dato rastlosen und kampfeslustigen Hirsche beschaulich. So als hätte es nie Aggressionen und erbitterte Kämpfe gegeben, als hätten sie nicht vor kurzem noch in unverhohlener Rivalität um das Kahlwild die Geweihe gekreuzt, finden sich die Hirsche lammfromm beieinander wieder. Das geht jetzt plötzlich, denn eines ihrer Sexualhormone, das Testosteron, ist nun deutlich abgesunken.

Damit einher geht die Bildung von knochenfressenden Zellen, den so genannten Osteoclasten, an der Basis des Hirschgeweihs. Bis zum Frühjahr werden diese Zellen die Nahtstelle zwischen Geweih und Haupt so weit aufgelöst haben, dass die Könige ihre beeindruckenden Kronen, den Kopfschmuck, verlieren. Bei alten Hirschen kann dies schon im Februar der Fall sein, junge Hirsche tragen ihre Kopfzier aber oft bis in den April hinein. Wer im Februar frisch abgeworfene Geweihstangen findet, kann dies als deutlichen Hinweis auf alte Hirsche im Revier werten.

Manchmal fallen beide Geweihstangen gleichzeitig ab, oft liegen aber zwischen dem Verlust der ersten und der zweiten Stange Stunden bis sogar wenige Tage. In dieser Phase bereitet den Hirschen ihr einseitiger Kopfschmuck oft Gleichgewichtsschwierigkeiten – man sieht sie dann mit schief gehaltenem Haupt oft etwas tollpatschig und wenig majestätisch einhertorkeln. Nach dem Abwerfen wird die Geweihstange vom Hirsch häufig noch neugierig bewindet, nach wenigen Sekunden jedoch nicht mehr weiter beachtet.

Nicht Purpur sondern Rot ist die Farbe dieser Könige – und auch die ihrer samtenen Kronen.

Klassische Abwurfstellen oder Tageszeiten gibt es nicht – Hirschgeweihe finden sich schlichtweg überall

dort, wo sich die Hirsche zur „Fallzeit“ zufällig aufhalten. Da sich die Hirsche jedoch zu diesen Zeiten gerne in den gleichen, gewohnten Einständen bewegen, findet man ihre Abwurfstangen oft alljährlich wieder an ähnlichen Orten. Gewiefte Stangensucher kennen ihre „Pappenheimer“ und steuern alljährlich im Frühjahr wieder ihre „Geweihstangen-Hölzer“ an. In den Bergen haben es die dortigen Forstleute und Jäger an den Fütterungen natürlich leicht. Die Hirsche stehen in der Abwurfzeit vom Februar bis in den April noch direkt oder zumindest in der Nähe der Fütterungen – das Auffinden der Stangen ist oft ein Kinderspiel.

Beeindruckende Königskronen

Abwurfstangen, aber auch die Geweihe erlegter Hirsche sprechen eine eigene Sprache – wer sie zu deuten weiß, erfährt viel über die Hirsche und ihre Umwelt. Geweihstangen sind nämlich nicht nur schöne Erinnerungsstücke, potenzielle Kleiderhaken, Knopfmaterial oder Staubfänger. Sie erzählen interessante Geschichten oder sind selbst Geschichte. Eine der bedeutendsten Sammlungen Europas finden wir im berühmten Schloss Moritzburg bei Dresden. August der Starke, sächsischer Kurfürst, begründete sie im 16. Jahrhundert. Und stark ist nicht nur der Umfang der Sammlung, stark sind auch Gewicht und Masse der dortigen Geweihe: Der „Große Moritzburger“, das stärkste Geweih der Sammlung, bringt es auf ein aktuelles Gewicht von 19,68 kg und 298,25 Internationale Punkte. Es ist damit das weltweit stärkste Rothirschgeweih! Etliche weitere Trophäen aus der Sammlung liegen über 250 Internationalen Punkten und gehören damit ebenfalls in die Weltspitze. Die enorme Stärke der Geweihe aus einer Epoche kann ein Hinweis darauf sein, dass damals die Umweltbedingungen für das Geweihwachstum günstiger waren als heute. Vielleicht aber waren die „Heger“ des Kurfürsten auch große Fütterkünstler vor dem Herrn ...

Das berühmteste Geweih der Moritzburger Sammlung ist aber kein wuchtiges, starkes, sondern ein eher zierliches, dafür aber endenreiches: Der berühmte 66-Ender beeindruckt allerdings eher verbal denn optisch. Es handelt sich um ein Geweih mit einer völlig ausgefransten Becherkrone mit vielen kleinen Wucherungen. Diese als Enden zu bezeichnen, erfordert schon ein wenig „Kühnheit“! Was die zahllosen Wucherungen verursacht hat, weiß man heute nicht mehr. Sicherlich nicht, dass man dem Hirsch zur Bastzeit „mit Schrot einen in die Krone gebrannt hat“ – Schrot existierte zur damaligen Zeit noch gar nicht!

Die beeindruckendsten Hirschgeweihe der Welt fanden sich aber einst in den Weiten der irischen Moore. Deren konservierender Wirkung verdanken wir es, dass wir heute in zahlreichen Museen der Welt Geweihe von „Megalocerus giganteus“ bewundern können, dem

„Riesenhirsch". Der „König des Pleistozän" trug einen Kopfschmuck von wahrhaft gigantischen Ausmaßen. Die stärkste bisher gefundene Geweihstange hat eine Länge von 2,18 Metern, das stärkste Geweih eine Auslage von 4,06 Metern. Der Kopfschmuck der Kapitalen damaliger Zeit wog bis zu 45 Kilogramm – ihre Träger lebend wohl um die 800 Kilogramm. Der Riesenhirsch macht daher wahrlich seinem Namen alle Ehre und selbst kapitale Alaska- oder Kamtschatka-Elche bleiben mit ihren Trophäen hinter Megalocerus zurück

Ansprechhilfe und Studienobjekt

Interessanter jedoch als einzelne Geweihe oder Abwurfstangen sind ganze Stangen-Lebenszyklen von einzelnen oder mehreren Hirschen. Akribisch geführte Sammlungen geben uns einen intimen Einblick in eine Hirschpopulation. Eine der feinsten „Geweihkollektionen" findet sich in der brandenburgischen Prignitz. Im kleinen Örtchen Heidelberg werden nun bald seit Jahrzehnten Abwurfstangenserien von der hirschbegeisterten Familie Krehl zusammengetragen.

Neben vielen interessanten Details geben die großen Abwurfstangenserien vor allem zwei wesentliche Erkenntnisse her: Den größten Massesprung machen Hirschgeweihe meist zwischen dem vierten und fünften Kopf. Von gut veranlagten Hirschen gibt es Abwurfstangen vom

Auch nach dem Abwerfen bewahren sich die Geweihe ihre Ästhetik – jetzt vielleicht nicht nur für Jäger, sondern auch für Blumenfreunde …

nachweislich fünften Kopf mit einem Gewicht von über dreieinhalb Kilogramm!

Vom ersten bis zum vierten Kopf ist das Geweih auch hilfreich für die Altersansprache. Ab dem fünften Kopf können dann „gut veranlagte" Hirsche Geweihe tragen wie „schlecht veranlagte" zwölfjährige. Ab dem fünften Kopf ist die Altersansprache mit Hilfe des Geweihs ein reines Vabanquespiel – von diesem Alter bis zum deutlichen Zurücksetzen fällt das Geweih als Altersansprechmerkmal fast vollständig aus.

Zuweilen dienen Geweihe aber nicht nur jagdlichen Erkenntnissen. Trophäen früherer Epochen eignen sich sogar für das moderne Schadstoff-Monitoring. Durch die Entnahme einzelner Proben aus alten Geweihen und dem Vergleich mit aktuellen Trophäen kann auf die Schadstoffbelastung in historischer Zeit geschlossen werden.

Und auch die moderne Medizin erhofft sich vom Geweih Erkenntniszuwachs. Forscher wollen die Wachstumsfaktoren von Hirschgeweihen isolieren: Man erhofft sich davon Wachstumshilfen für Prothesen und Implantate. Gesucht wird nach den Zellen und Signalen, die das Wachstum bewirken, aber auch nach deren Gegenspielern – damit der Knochen nicht ins Uferlose wächst!

Sollten jedoch auch die Hemmstoffe für die Geweihentwicklung isoliert werden und könnte man diese mittels der modernen Wissenschaft in der hegerischen Praxis ebenfalls ausschließen, würde wohl so mancher „Heger" gerne die Geweihe auch mal in den Himmel wachsen lassen ...

Geweihlos – ranglos

Nach dem Verlust des Geweihs gibt es häufig Auseinandersetzungen innerhalb der Hirschgemeinschaft. Das „Insignium der Macht" dient als wesentliches Erkennungs- und Rangordnungsmerkmal und so werden nach dessen Verlust oft „die Karten neu gemischt". Da die eher lockere Rangordnung jedoch vor allem altersabhängig ist, alte Hirsche zuerst abwerfen und auch gleich neu schieben, ist nach dem vollständigen Abwerfen aller Hirsche die ursprüngliche Reihenfolge meist rasch wiederhergestellt.

Gleich nach dem Abwurf des alten Kopfschmuckes wird die offene Wunde ringförmig von Knorpel überwallt und – eine neue Krone wächst den Königen. Fünf Monate lang fließt nun ein Großteil der Energie in den Aufbau des Geweihknochens. Wegen der enormen Aufbauleistung, die das Schieben eines kompletten Geweihs für einen ausgewachsenen Hirsch bedeutet, steht der größte Teil der Vegetationsperiode vom Frühling bis in den Hochsommer ganz im Zeichen der Nahrungsaufnahme.

In den ersten Wochen des Geweihwachstums müssen die Hirsche zusätzlich die Energieverluste aus der kalten Jahreszeit ausgleichen. Nach langen harten Wintern fällt daher im Allgemeinen die Geweihstärke in ganzen Hirschpopulationen ausgesprochen gering aus. Die Hirsche müssen ja erst einmal alle Energie in den Ausgleich der Winterverluste investieren – für das Geweihwachstum als „Luxusprodukt“ bleibt dann meist nicht mehr viel übrig.

Das Geweih kann aber auch, gerade in der Anfangszeit, mit einer teilweise atemberaubenden Geschwindigkeit wachsen – bis zu zwei Zentimeter in 24 Stunden wurden dabei schon gemessen!

Ganze Generationen von Geweihbegeisterten haben sich jahrzehntelang den Kopf darüber zerbrochen, wie sich der Kopfschmuck unseres Edelhirsches noch gewaltiger gestalten lässt. Bekannt sind Versuche aus den dreißiger Jahren des letzten Jahrhunderts aus dem Gatter Schneeberg und aus einem bekannten Jagdgatter in Süddeutschland, in dem alljährlich „Gewicht-Geweih-Gewaltiges“ geerntet wurde und wird. Cervider Knochenschmuck als Symbol menschlicher Rekordsucht ...

Den Status eines Wildtieres im Sinne eines „Wildnistieres“ haben die Träger solchen Schmucks längst verloren und viele sind vom König der Wälder zu einem Objekt geworden, das über ein „monetär aufwändiges, pseudojagdliches Abenteuer aus dem Gehege gewaidwerkt wird“.

Männergesellschaften

Könige, Fürsten und Ritter leben meist in reinen „Männergesellschaften“. Die Nähe der Königinnen und ihres weiblichen Gefolges ist eigentlich nur während der Brunft

Fegezeit – bald werden sie kaum mehr so einträchtig beieinander äsen ...

erwünscht. Selten werden weibliche Tiere aber zumindest geduldet und so finden sich in größeren Hirschgruppen während des Sommers mitunter Schmaltiere ein. Vermutlich schließen sich die „Prinzessinnen“, von der Mutter vor dem Setzen des neuen Kalbes abgeschlagen, den Hirschrudeln aus Einsamkeit an. Diese „Adoption“ von Schmaltieren durch Hirsche dauert sicherlich nur wenige Wochen, veranschaulicht aber sehr schön das enorme Rudelbedürfnis des Rotwildes – lieber in eine reine Männerwelt wagen als gänzlich allein zu sein!

Hirschrudel sind wie Kahlwildrudel sehr differenziert aufgebaute soziale Gruppen. Da Hirsche unterschiedlichen Alters auch unterschiedliche Nahrungs-, Ruhe- und Sicherheitsbedürfnisse haben, finden sie sich sehr oft in „Generationsrudeln“ zusammen.

Sehr große Hirschrudel werden dabei überwiegend von jungen und mittelalten Hirschen gebildet. Ältere Hirsche ziehen oft alleine, mit einem jüngeren „Adjutanten“ oder mit wenigen Altersgenossen – Massenansammlungen unreifer Junker scheinen den Majestäten in der Regel auf die Nerven zu gehen. Doch keine Regel ohne Ausnahme – auch „Jung-Alt-Rudel“ sind gar nicht so selten. Und nicht zuletzt ist die Größe der Hirschrudel, genau wie beim Kahlwild, auch vom Lebensraum und der Wilddichte abhängig: je offener der Lebensraum und je höher die Wilddichte, desto größer die auftretenden Hirschrudel.

Über die Dominanzstrukturen innerhalb der Hirschrudel gibt es bisher noch keine allgemein gültigen, klaren Aussagen. Die Strukturen scheinen aber überwiegend linear zu sein, dass heißt Hirsch A steht über allen folgenden, Hirsch B unter A aber über allen folgenden usw. In größeren Hirschrudeln werden die Strukturen jedoch schnell unübersichtlich. Vor allem sind Dominanzverhältnisse ja keinesfalls statisch – sie ändern sich vielmehr stetig, je nach körperlicher Entwicklung, Selbstbewusstsein oder Zu- und Abwanderung einzelner Hirsche. Ohnehin ist offenbar die Zusammensetzung der Hirschrudel größeren Fluktuationen unterworfen als die der weiblichen Verbände.

Altersporträts – ein schlanker Jüngling und ein betagter Recke

Die Neukrönung der Häupter
Während Hirsche sonst zuweilen ruppige Gesellen sind und vor allem natürlich während der Brunft keinen Körper- und Geweiheinsatz scheuen, behandeln sie sich in der so genannten Kolbenzeit, der Zeit des Geweihwachstums, ausgesprochen „zartfühlend". Sie hüten vor allem die werdende neue Krone wie ihren Augapfel. Besonders die Spitzen des Geweihs und der Enden (die Wachstumszonen!) sind extrem stark durchblutet und empfindlich. Kolbenhirsche bewegen sich daher, vor allem in dichter Vegetation, extrem vorsichtig und vermeiden jeglichen Kontakt des Geweihs mit harten Gegenständen.

Wegen der Gebrauchsunfertigkeit des noch unfertigen Geweihs werden Streitigkeiten während der Kolbenphase durch Vorderlauftrommeln oder durch Eckzahn-

Der Sommer steht im Zeichen des Wachstums, des Fegens und der Geweihreife.

drohen ausgetragen. Letzteres ist ein verhaltenskundliches Relikt aus der Zeit, in der die Vorfahren der Hirsche noch deutliche Eckzähne trugen und – damals waren sie noch nahezu geweihlos! – ihre Streitigkeiten damit austrugen. Rotwild besitzt aus jener Zeit immer noch den dunklen Fleck am Winkel des Äsers, der die Kontrastwirkung des hellen Eckzahnes unterstrich.

Zum Ende der Kolbenzeit, bei alten Hirschen schon Anfang bis Mitte Juli, ist das Geweihwachstum abgeschlossen und der Knochen unter der Basthaut vollständig ausgehärtet. Der Bast trocknet langsam ein und der Hirsch beginnt, die eingetrocknete Basthaut an jungen Bäumen oder Sträuchern abzuscheuern – er „fegt“. Mit dem Verfegen des Geweihs beginnt die Feistzeit der Hirsche – nach dem Sommer sind sie wohl genährt und bewegen sich nur noch wenig.

Das nun endlich vollendete Geweih kann vielseitig eingesetzt werden – wahrlich nicht nur zum Imponieren und Kämpfen während der Brunft. Hirsche vermögen ihre reich verzweigte Kopfzier geradezu wie einen gut sortierten Werkzeugkasten zu nutzen. Sie schieben äußerst geschickt während der Fortbewegung Äste beiseite, ja heben sogar manchmal Zäune mit dem Geweih an, um darunter durchzuschlüpfen.

Zur Körperpflege dient das Geweih beim Scheuern oder Jucken: Hinterkeulen und Rücken, Körperpartien also, die anderweitig schlecht zu erreichen sind, werden mit dem Geweih „gepflegt“.

Und auch bei der Nahrungsaufnahme erweitert das Geweih das Spektrum der Möglichkeiten: Hirsche schlagen damit oft derartig gegen Obstbaum- oder auch Eichenäste, dass die Früchte zu Boden fallen und dann begierig aufgelesen werden können. Manche Hirsche vermögen so geschickt mit dem Geweih zu hantieren, dass sie Äpfel oder Birnen auch direkt damit aus den Bäumen

Schimmernde Bastgeweihe im wogenden Halmenmeer – noch herrscht Eintracht unter Königen, Fürsten und Rittern.

„pflücken“ – wird dabei zuweilen das Obst aufgespießt, bringt es der Geweihträger durch heftiges Kopfschütteln mund- oder besser äsergerecht zu Fall! Bei dieser Art der Obstlese stellen sich die Hirsche mitunter noch zusätzlich auf die Hinterläufe – und erreichen inklusive Geweih dann eine wahrhaft majestätische Größe von deutlich über drei Metern!

Die Ruhe vor dem Sturm...
Schon zur Feistzeit, Anfang August, steigt der Spiegel des Sexualhormons Testosteron deutlich an und nimmt dann kontinuierlich bis zur Brunft hin zu. Die Hirsche sind in der Feiste – nomen est omen! – zwar behäbig und träge, werden aber schon jetzt untereinander immer unleidlicher und aggressiver – es geht auf die Brunft zu.

Da der Anstieg des Testosterons eng an die Vollendung des Geweihs gebunden ist, steigt er bei den alten und früher fegenden Hirschen auch zuerst an. Die Unverträglichkeit alter Hirsche gegenüber den Artgenossen beginnt daher in Mitteleuropa oft schon Anfang bis Mitte August. Alte Hirsche verlassen demzufolge als Erste die Hirschrudel und wandern zu den Brunftplätzen ab. Das Verschwinden bekannter alter Hirsche aus den hochsommerlichen Feisthirschrudeln läutet den Beginn der Brunft ein.

HERRSCHERINNEN UND IHR HOFSTAAT

Seit Tagen kamen sie so pünktlich, dass man sprichwörtlich die Uhr danach stellen konnte: Kurz nach fünf streckte das erste Tier sein Haupt aus der dunklen Fichtendickung und trat auf das riesige Ödland hinaus. Sein Blick galt aber kaum dem grandiosen Bild, das sich ihm bot: Wälder so weit das Auge reichte, unterbrochen nur von großen gelben Lichtungen, auf denen jetzt im Frühsommer der Besenginster blühte – Wonnemonat.

Die letzten beiden Wochen war das Rudel immer kleiner geworden. Hatte es noch Ende April über dreißig Köpfe gezählt, waren es am heutigen Abend kaum mehr zehn Tiere. Drei Alttiere waren darunter, Schmaltiere und Schmalspießer – die Kälber des letzten Jahres – und zwei junge Hirsche vom zweiten Kopf. Von den drei Alttieren waren zwei noch hochbeschlagen. Bald würden auch die beiden werdenden Mütter den anderen Alttieren folgen und sich zum Setzen ihrer neuen Kälber absondern. Dann würden sie auch die letzten verbliebenen Schmaltiere und Schmalspießer für drei bis vier Wochen abschlagen.

Erstmalig in ihrem Leben ohne die Führung der „Königin", schließen sich die abgeschlagenen „Prinzen" und „Prinzessinnen" oft zu Teenagergruppen zusammen. Der Kontakt zum Muttertier reißt aber auch während deren erneuten Niederkunft und in den darauf folgenden rudellosen Wochen oft nicht völlig ab – die „Teenies" wissen wohl meist, wo die Muttertiere bei Bedarf zu finden wären.

Einsame Zeit der Niederkunft

Die Zeit des Setzens sind die einzigen Wochen im Jahr, in denen die Alttiere ihrer eigenen Wege gehen. Etwa 34 Wochen nach dem erfolgreichen Beschlag, bei uns meist von Mitte Mai bis Mitte Juni, werden die Rotwildkälber gesetzt. Einige Tage vorher verlassen die Alttiere den Rudelverband, um an den geeigneten Plätzen ihres Lebensraumes die Kälber zur Welt zu bringen.

Wo die verschwiegenen Setzplätze der Alttiere in der freien Wildbahn liegen, weiß kaum jemand. Abgelegte Kälber findet man jedoch fast ausnahmslos in gras- oder

Ginstermonat Mai – die Zeit der Niederkunft beginnt.

kräuterdominierten, eher lichten Waldteilen, die sehr nahe an beliebten Äsungsplätzen liegen. Die Liegeplätze müssen aber – von den ersten Stunden direkt nach dem Setzen einmal abgesehen – keinesfalls mit den Setzorten identisch sein!

Nach dem eigentlichen Setzvorgang, der zwei bis vier Stunden dauern kann, wird der Ort des Geschehens vom Alttier geradezu akribisch gesäubert. Das Muttertier frisst die Fruchtblase, die Reste der Nabelschnur und die Nachgeburt vollständig auf. Selbst Gräser oder Kräuter, an denen Reste von Fruchtwasser oder der Nachgeburt haften, werden „weggeäst". Keinerlei Geruchsspuren sollen potenzielle Feinde oder Räuber auf den Platz der Kälbergeburt hinweisen.

Auch die sehr seltenen weißen Hirschkühe setzen oft normalfarbene Kälber – die helle Deckenfarbe wird rezessiv vererbt.

Nach der Geburt wird das Kalb ausführlich trockengeleckt. Dies dient sowohl der Bindung zwischen Alttier und Kalb, sicherlich aber auch der „Geruchsminimierung" des Kalbes. Wenige Minuten später sucht das Kalb zum ersten Mal das Gesäuge des Alttieres. Während des Säugens massiert das Alttier die Analgegend des Kalbes mit dem Äser, um dessen Verdauung anzuregen. In den ersten Tagen nach dem Setzen sind die kleinen Kälber nämlich nicht in der Lage, selbstständig und ohne diese „Nachhilfe" Losung abzugeben. Um die Darmtätigkeit des Kalbes anzuregen, massiert das Alttier auch dessen Bauchgegend.

Stets auf Tuchfühlung

Schon nach wenigen Minuten unternimmt das Kalb seine ersten Gehversuche und schon nach wenigen Stunden kann es der Mutter selbstständig folgen. In den ersten Tagen ruht es jedoch viel und liegt meist regungslos, während das Tier zur Äsung fortzieht. Kalb und Alttier stehen aber auch während der Abwesenheit der Mutter miteinander in „Geruchskontakt": Die geöffneten Voraugendrüsen des Kalbes sondern einen Geruchsstoff ab, den das Muttertier, da es sich stets mit dem Wind entfernt, wahrnimmt. Bei Gefahr für das Kalb schließen sich dessen Voraugendrüsen, sodass das geruchliche „Kontaktband" abreißt und das Alttier „auf den Plan gerufen" wird. In solchen Gefahrensituationen drückt sich das Kalb flach auf den Boden und rollt sich zusammen – so werden alle Körperregionen,

die Duftstoffe aussenden und potenziellen Feinden seinen Aufenthaltsort verraten könnten, möglichst vollständig bedeckt.

Die Voraugendrüse hat jedoch auch beim Vorgang des Säugens eine wichtige Funktion. Zu Beginn des Saugaktes ist sie vollständig geöffnet, mit zunehmender Sättigung schließt sie sich dann. Hier gibt die abreißende Geruchsspur dem Alttier das Signal, den Akt des Säugens aktiv zu beenden. Eine zu hohe Milchaufnahme hätte nämlich für das Kalb möglicherweise fatale Folgen: Wiederkäuer können überschüssige Milch nicht erbrechen.

Während das Kalb in den ersten Tagen bis zu zwölfmal täglich gesäugt wird, nimmt die Frequenz der Saugakte im Verlaufe der nächsten Monate fast kontinuierlich ab, bis das Säugen meistens im Verlaufe des Novembers vollständig zum Erliegen kommt. Wird ein Alttier aber in der herbstlichen Brunft nicht erneut beschlagen, kann das Kalb bis ins kommende Frühjahr, zuweilen auch noch – jetzt als Schmaltier – länger gesäugt werden.

Je häufiger Alttiere hintereinander Kälber führen, desto größer wird, zumindest in ungünstigen Lebensräumen, die Wahrscheinlichkeit eines einmaligen „Aussetzens“. Kälber zu setzen, zu führen und aufzuziehen zehrt auf Dauer die Alttiere körperlich so sehr aus, dass sie gelegentlich eine Art „Mutterschaftsjahr“, hier allerdings zum Auffüllen der eigenen Energiereserven, einlegen müssen.

Das helle Fleckenmuster der Kälber – Tarnkleid im Spiel von Sonne und Schatten

Wieder als Rudel vereint
In den Wochen nach der Geburt wird das Kalb immer mobiler und folgt dem Alttier mehr und mehr. Zum Zusammenschluss mit dem Vorjahresnachwuchs und anderen Alttieren kommt es aber erst nach drei bis vier Wochen. Dann reorganisieren sich meist die Tiere mit ihren neuen Kälbern, die auch vor der Setzzeit schon im Rudel zusammenstanden.

Die Zeit der erneuten „Rudelwerdung" der Alttiere, ihrer „Kleinkinder" und deren älterer Geschwister ist eine der schönsten Zeiten im Rotwildrevier. Große, ungestörte Kahlwildrudel zu beobachten, gehört im Sommer zu den einzigartigen Schauspielen für den Rotwildbeobachter: Da spielen die Kälber ausgelassen wie die kleinen Kinder. Sie jagen sich wechselseitig in wilden Fluchten, galoppieren aber auch mutterseelenallein hundert oder mehr Meter über die Äsungsflächen. Zuweilen, vor allem in sehr ruhigen, ungestörten Revieren, lassen sich auch ältere Artgenossen anstecken und so sieht man auch mal zwei Generationen in Laufspiele vertieft. Auch üben sich die Kälber, und zwar beiderlei Geschlechts, schon im Schiebekampf untereinander – und manchmal senkt ein ganz vorwitzig-dreistes Kalb sein unbewehrtes Haupt sogar gegen ein Alttier oder einen jungen Hirsch. Selbst das spielerische „Aufreiten" der Kälber untereinander oder auf ausgewachsene Tiere ist keinesfalls selten. Am häufigsten geschieht das jedoch während der Brunft – Lernen durch Nachahmung!

Auch die Neugierde der Kälber ist unerschöpflich. Alles Unbekannte, jeder Fremdkörper wird einer eingehenden Untersuchung unterzogen – gesetzt den Fall, die Mutter toleriert es! Einmal sah ich ein kaum zwei Wochen altes Kalb sehr zögerlich auf ein Schild „Wildruhezone – Betreten verboten" zuschleichen und es ausführlich bewinden. Es nahm die Aussage offenbar sehr ernst und trug auch den älteren Tieren die Botschaft zu – das Rudel zog konsequent am Rande der Wildruhezone entlang!

In größeren Kahlwildrudeln und in sehr ruhigen Einständen kann man zuweilen so genannte „Kindergärten" erleben: Die Kälber werden etwas abseits des äsenden Rudels als „Jungkollektiv" abgelegt. Immer einmal wieder

Das aufmerksame Leittier führt immer ein Kalb. Und nicht umsonst heißt das größte Säugetier Mitteleuropas Rotwild.

unterbricht eine Hirschkuh aus dem in der Nähe äsenden Rudel die Nahrungsaufnahme, nähert sich mit einem Kontaktlaut dem Kindergarten, säugt ihr Kalb und kehrt dann zum Mutterrudel zurück. Entfernen sich die äsenden „Erwachsenen" jedoch weiter von den Kälbern, werden oft Alttiere oder auch Schmaltiere als „Kindergärtnerin" abkommandiert.

Kahlwildrudel – oft Urgroßmuttergesellschaften!
Anders als beim Hirschrudel bestehen in den Rudeln des Kahlwildes meist enge verwandtschaftliche Beziehungen zwischen den Rudelmitgliedern.

Die Grundeinheit eines Rudels ist die Mutterfamilie, das so genannte Gynopädium, aus Alttier, Kalb und vorjährigem Kalb (Schmaltier oder Schmalspießer). Kahlwildrudel bestehen in der Regel aus „Potpourris" verschiedener Spielarten dieser „Dreigestirne": aus vollständigen Gynopädien (Alttier, Kalb, Schmaltier), aus Alttieren mit nur Kälbern und aus Alttieren mit nur Schmaltier oder -spießer. Die Mitglieder solcher Großrudel sind im

Extremfall alle miteinander verwandt, wenn mehrere Generationen eines „Gründeralttieres“ sich immer wieder darin zusammenfinden. Dann steht eine Ururgroßmutter als „Ahnin“ über einem verwandtschaftlichen „Rudelgeflecht“ aus Töchtern, Enkelinnen, Ur- und Ururenkelinnen und -enkeln.

Die Bezeichnung Kahlwildrudel ist jedoch ein wenig irreführend, denn es stehen nämlich auch außerhalb der Brunft „Nicht“-Kahlwild, Hirsche also, beim Rudel. Dies sind immer die Schmalspießer, zuweilen aber auch Hirsche vom zweiten, mitunter sogar vom dritten Kopf, die den „Abnabelungsprozess“ vom Muttertier noch nicht vollzogen haben.

In Schottland und in der Schweiz beobachtete man zuweilen sogar Hirsche, die bis zum vierten oder gar fünften Kopf beim heimischen Mutterrudel bleiben. Ungünstige Lebensräume verzögern offenbar den Abnabelungsprozess junger Hirsche. Bei uns in Mitteleuropa sondern sich die jungen Hirsche aber spätestens mit drei Jahren vom Kahlwildrudel des Mutteralttieres ab. Sie gründen dann entweder neue, rein männliche Rudel mit oft gleichaltrigen jungen Hirschen oder schließen sich bereits bestehenden Hirschrudeln an.

Auch bei den weiblichen Nachkommen wird die enge Bindung zum Muttertier spätestens mit der eigenen Mutterschaft aufgehoben. Die Alttiere schließen sich nach der Geburt ihres Kalbes entweder wieder dem Rudel ihrer Mutter, also der Großmutter ihres Kalbes, an, oder sie gründen eigene Rudel. Manche tun sich mit anderen Alttieren und deren Kälbern zusammen, gelegentlich bleiben sie aber auch alleine mit ihrem Kalb. Verschiedene Studien belegen jedoch, dass die meisten Alttiere im Verlaufe ihres Lebens in der Nähe ihres Geburtsortes bleiben. Die Wahrscheinlichkeit, dass sie sich den eigenen Verwandten im Rudel wieder anschließen, ist deshalb hoch.

Die Größe von Kahlwildrudeln hängt wesentlich mit der Lebensraumstruktur und der Wilddichte zusammen. In übersichtlichen, savannenartigen Landschaften finden wir oft ausgeprägte Großrudel, die manchmal Dutzende, manchmal bis über hundert Tiere umfassen können. Klassische Beispiele dafür sind große, offene Truppenübungs-

Lichte Wälder und grasige Ebenen – Traumland fürs Rotwild?

plätze, die fast baumlosen schottischen „Highlands“ oder die Almmatten des Hochgebirges. In dichten, deckungsreichen Landschaften, wie den meisten Waldlebensräumen Mitteleuropas, finden wir oft auch nur das klassische Klein- beziehungsweise Familienrudel, das Gynopädium. Wo sehr hohe Rotwilddichten herrschen, tendiert die Wildart aber auch in weniger offenen Lebensräumen zur Bildung größerer Rudel.

Das Leittier – „Königin“ unter „Königinnen“

Je kleiner das Rudel ist, desto einfacher ist die „Entscheidungsstruktur“. Im Familienrudel entscheidet natürlicherweise das Alttier über Äsungs- und Ruheplätze, Feindvermeidung oder Flucht. Wie aber sieht es in einem großen Rudel mit zahlreichen „führenden“ Alttieren aus? Hier übernimmt meist ein erfahrenes ebenfalls führendes Muttertier – aber nicht unbedingt das älteste – die Leitfunktion. In der Regel ist es ein besonders aufmerksames, waches Tier, dem sich der Rest des Rudels unterordnet. Das Leittier erzwingt allerdings keinesfalls diese Position durch Aggression oder Rangordnungskämpfe. Wir haben es hier mit einer „passiven Führerschaft“ zu tun, einer Art „Vertrauensverhältnis“ zwischen Rudel und dem Leittier. Immer führt das Leittier auch ein Kalb. Verliert das Leittier sein Kalb, erlischt offenbar automatisch auch dessen Leittierfunktion – nur „aktiven Müttern“ wird Leittierverantwortung zugetraut und übertragen.

Welche Mechanismen aus führenden Tieren Leittiere machen, wissen wir nicht: Möglicherweise hatte auch die Mutter schon Leittierfunktion und das Tier ist schon als Kalb quasi in diese Rolle „hineingewachsen“. Vielleicht sind es aber auch besonders prägende Erlebnisse gewesen, die eine erhöhte Aufmerksamkeit oder Wachsamkeit des Tieres hervorgerufen haben.

Sichernde Alttiere – die stets aufmerksamen Wächter über das Rudel.

DER KAMPF UM DEN THRON

Allerorten prangen die Früchte der Natur: die Schlehen in ihrer stählernen Bläue, Holunderbeeren in vollen Trauben, Tausende Samen von Bärenklau, Kerbel und Möhre und, nicht zu vergessen, die filigrane Fürstin unter den Bäumen, die Eberesche. „Ein einziger dieser Bäume kann das Glück eines ganzen Spätsommers ausmachen", sagte einmal die große deutsche Dichterin Else Lasker-Schüler. Und auch für den Hirschjäger hat die Eberesche große Bedeutung, ja sie ist geradezu der Leitbaum für sein herbstliches Tun: „Man schießt den Bock im roten Kleid zur Zeit der reifen Kirschen, doch vor der Ebereschenzeit nicht den geweihten Hirschen". Die Reifezeit der Eberesche ist auch die Reifezeit der Hirsche.

Nun, nach der üppigen Fülle des Sommers, stehen die „Könige des Waldes" in ihrer vollen Kraft. Ihre Geweihe sind frisch gefegt und voll ausgereift, Körpergewicht und Energiereserven befinden sich im Maximum. Die Brunft, der Zenit im Jahreslauf der ausgewachsenen Hirsche, kann beginnen.

Mit dem Fegen der Geweihe steigt zum ersten Mal der Gehalt des Sexualhormons Testosteron im Körper stark an, Seine Majestät wird damit ausgesprochen unverträglich gegenüber den Geschlechtsgenossen. Alte Hirsche verlassen mit blankem Geweih die Feisthirschrudel als Erste, mittelalte folgen, zuletzt die jungen Hirsche: Die Hirschrudel fallen also vor der Brunft „von oben nach unten" auseinander!

Beeren und Brunft – die Reifezeit der Früchte ist hohe Zeit der Hirsche.

Brunftwanderungen

Die Abwanderung alter Hirsche, die beginnende Auflösung der Hirschrudel, ist das erste sichtbare Zeichen für den bevorstehenden Beginn der Brunft. Die Könige begeben sich nun auf die Suche nach Königinnen und Prinzessinnen.

Oft legen sie dabei keine großen Entfernungen zurück, zuweilen jedoch auch gewaltige Strecken. Ein Brunfthirsch wanderte Anfang des letzten Jahrhunderts in Schottland von der West- zur Ostküste – 120 Kilometer! Auch aus dem deutschsprachigen Raum kennen wir

„Gewaltig endet so das Jahr
Mit goldnem Wein
Und Frucht der Gärten.
Rund schweigen Wälder wunderbar
Und sind des Einsamen Gefährten …“

Georg Trakl

ausgedehnte Brunftwanderungen beispielsweise von der Ostsee in die mecklenburgische Seenplatte oder vice versa. Auch dabei werden Entfernungen von fast 100 Kilometern zurückgelegt.

Welche Mechanismen für diese Brunftwanderungen maßgeblich sind, ist bisher noch unzureichend erforscht. In jedem Fall sind ausgedehnte Brunftwanderungen, die die Hirsche aus dem Einzugsbereich von Mutter, Schwestern und Cousinen bringen, ein probates Mittel zur Vermeidung von Inzucht.

Klares Wetter = „gute“ Brunft?

Der große Zeitgeber für den Verlauf der Brunft ist die Tages- und Nachtlänge – um den Zeitpunkt der Tag- und Nachtgleiche am 21. September liegt der grobe Zeitrahmen für die Hirschbrunft in Europa. Dabei ist der jährliche individuelle Brunftverlauf von zahlreichen Faktoren abhängig: Kontinentalität, Höhenlage, Lebensraum, Bestandsaufbau und Witterungsverlauf spielen hier eine Rolle. Mit dem letzten Punkt muss aber nicht nur das aktuelle Wetter während der Brunft gemeint sein – auch der vorangegangene Winter kann ein entscheidender Einflussfaktor sein. War er ausgesprochen hart, verfärben die Hirsche später, brauchen länger, um ihre Reserven wieder aufzufüllen, kommen später in die Feiste und später in die Brunft …

„Das sind die zehn heiligen Tage,
Durchleb sie mit Andacht, Kind,
In denen Septembersonne
Altweiberfäden spinnt.
Gott nah unter rauschenden Wipfeln,
Kind, lausche des Schöpfers Lied,
Wenn durch duftge Septemberheide
Waldkönig die Fährte zieht."

Graf Garnier von Turawa

Kaltes, klares Wetter führt nicht zu einer „besseren" Brunft, sondern nur zu einer lauteren, denn warmes, verregnetes Wetter lässt die Hirsche verstummen. Liegt bei feuchter Witterung vielleicht der starke Geruch brunftiger Tiere schwerer in der Luft und macht das Rotwild zu einer leichteren Beute der feinnasigen Wölfe? Ist es ein Schutzmechanismus, dann zumindest nicht auch noch akustisch auf sich aufmerksam zu machen?

Möglicherweise tragen aber auch einfach die Stimmen der Hirsche nicht so weit und klar, dass sich das energieaufwändige Röhren überhaupt lohnt – oder wir mit unserem bescheidenen Gehörsinn oft schlicht und einfach wenig davon mitbekommen. Hier warten noch viele interessante Fragen auf die Rotwildforscher der Zukunft.

Vom stummen Regenten zum stimmgewaltigen Machthaber – zur Brunft hin wandelt sich der vormals behäbige Hirsch.

„Gute Brunft" = viele Kälber?
Offenbar hat aber die Witterung während der Brunft kaum einen nennswerten Einfluss auf den wahren Brunfterfolg, nämlich die Fortpflanzungsleistung: Ein Zusammenhang zwischen „lauter Brunft" und „vielen Kälbern" im darauffolgenden Jahr konnte bisher nicht nachgewiesen werden!

Die Anzahl beschlagener Tiere und gesetzter Kälber hängt von ganz anderen Faktoren ab. Das sind im Wesentlichen die jeweiligen Bedingungen des Lebensraumes. Während in den meisten Rotwildpopulationen Mitteleuropas wohl ein Großteil der Alttiere jedes Jahr erfolgreich beschlagen wird, schwankt vor allem der Anteil der beschlagenen Schmaltiere erheblich. Auf den schottischen Hebriden und im Hochgebirge (ohne Winterfütterung!) sinkt deren Rate zuweilen gegen Null. Unter den relativ günstigen Bedingungen Mitteleuropas kann der Anteil beschlagener Schmaltiere jedoch über 50% betragen. Hier treten aber in Abhängigkeit von Witterung, Jahresverlauf, Populationsdichte etc. zuweilen erhebliche jährliche Schwankungen auf.

Insbesondere kann auch die Anwesenheit alter, erfahrener Hirsche eine Rolle für das Fortpflanzungsergebnis spielen. Ist deren Anteil hoch, werden die meisten Tiere während der ersten zwei Eisprünge erfolgreich beschlagen. Gibt es dagegen kaum alte Hirsche, zieht sich die Brunft in die Länge, werden viele Tiere spät beschlagen und setzen im folgenden Frühsommer also auch die Kälber recht spät. Diese „Nachzügler" aber haben deutlich schlechtere Überlebenschancen als zeitlich optimal gesetzte Kälber.

„Aufwärmtraining" und beinhartes Business

Die älteren Hirsche wandern zwar zuerst ab, stehen aber nicht unbedingt zuerst röhrend und brunftend beim Kahlwild. Beim ersten sich „wie wild" in der Nähe des Kahlwildes gebärdenden Hirsch gleich auf einen ganz alten zu tippen, ist meist ein fataler Irrtum. Die „Brüller der ersten Stunde" sind oft erst mittelalte Hirsche, gleichsam „Stimmungsmacher", die das Kahlwild meist nur „aufwärmen". Und in der Tat stimuliert offenbar die Anwesenheit eines brunftigen, röhrenden Hirsches das weibliche Wild. Erst wenn dann die Paarungsbereitschaft weiblicher Tiere unmittelbar bevorsteht, stellt sich ein alter, körperlich vollreifer Hirsch zum Brunftrudel, oder anders gesagt: Sobald es ernst wird, übernimmt der wahre Monarch das Zepter! Vorausgesetzt allerdings, dass der Bestandsaufbau stimmt und wirklich reife Hirsche vorhanden sind!

Der Platzhirsch steht auf dem Brunftplatz unter Dauerstress. Seine Majestät muss ununterbrochen seinen Harem an weiblichen Tieren zusammenhalten, ihre Brunftbereitschaft prüfen und sich paaren. Er muss das große, stets präsente Heer nicht konkurrenzfähiger Fürsten, Ritter und Höflinge auf Distanz halten, die stets auf eine Gelegenheit hoffen, um ein kleines Stück „vom Kuchen zu naschen". Und er muss die ernst zu nehmenden Kronprinzen, die immer einmal wieder auftauchen und die es ernsthaft nach seinem Thron gelüstet, durch Röhren, Imponiergehabe oder sogar Kämpfe abwehren. An Schmaus und Trunk, an eine geregelte Nahrungsaufnahme, ist angesichts solch vielfältiger Regierungsgeschäfte nicht zu denken!

Herbst – Zeit der Brunft, des Taus, des sanften Nebellichts

Allein der Königin gilt das Trachten des Königs …

Hirsche verlieren daher während dieser Zeit manchmal bis zu dreißig Kilogramm Körpergewicht. Ist eine ausreichende Anzahl an reifen, konkurrenzfähigen Hirschen vorhanden, ist der Thronsturz kaum zu verhindern, kann der Platzhirsch das Brunftrudel kaum länger als eine Woche halten – zu hoch sind Kraftaufwand und Energieverlust.

Prüfen, Treiben, Herden – ein „Fulltime Job“
Elementares Ziel des Platzhirsches ist die Paarung mit möglichst vielen weiblichen Tieren – die möglichst breit gestreute Weitergabe der eigenen Gene. Das aktivste Organ des Hirsches während dieser Zeit ist der Windfang oder besser, das „Jacobsonsche Organ“. Mit diesem, im oberen Bereich der Mundhöhle gelegenen Geruchsorgan prüft der Hirsch die Paarungsbereitschaft der weiblichen Tiere. Diese geben mit dem Harn zusammen Duftstoffe (Pheromone) ab, anhand derer der Hirsch den Zustand der Tiere erkennen kann. Deshalb bewindet er ständig das weibliche Geschlechtsorgan und die Liege- und Harnstellen der Tiere. Dabei zieht der Hirsch häufig die Oberlippe hoch – er „flehmt“ –, um die Duftpartikel mit eben dem Jacobsonschen Organ aufzunehmen. Die weiblichen Tiere sind nur während der ein bis zwei Tage des Eisprunges paarungswillig. Die kontinuierliche „Prüfung“ durch den Hirsch ist daher wesentliche Voraussetzung für ein erfolgreiches Brunftgeschäft.

Der Hirsch ist stets paarungsbereit und folgt immer wieder einzelnen weiblichen Tieren seines Rudels. Dies wird gemeinhin als „Treiben“ bezeichnet. So mag es zwar aussehen – meistenteils ist es aber keine aktive Handlung, die vom Hirsch ausgeht. Er folgt lediglich nur einem Tier und prüft dessen Brunftbereitschaft.

Das so genannte „Herden“ wiederum ist eine bewusste, aktive Tätigkeit des Hirsches, um das Rudel zusammenzuhalten. Analog zum Herden eines Hirtenhundes treibt er bewusst Tiere, die sich zu weit vom Hauptrudel entfernt haben, wieder zurück – die Anzahl potenzieller Paarungspartnerinnen soll ja möglichst groß bleiben. Hierbei setzt der Hirsch zuweilen das Eckzahndrohen ein –niemals jedoch rohe Gewalt in Form von Vorderlaufschlägen oder gar Geweihforkeln.

Bruftsequenzen: Parallellauf – Kampf – Erschöpfung

Paarungswillige weibliche Tiere erkennt der Hirsch sicherlich an ihrer Witterung und zuletzt optisch am angehobenen Spiegel. Schreitet ein Tier so vor dem Platzhirsch einher, steht der Beschlag unmittelbar bevor. Dazu bleibt das weibliche Tier stehen und knickt manchmal leicht mit den Hinterläufen ein. Der Hirsch reitet dann oft nur für Sekundenbruchteile auf. Den Beschlag erkennt man offenbar daran, dass der Hirsch auch mit den Hinterläufen vom Boden abhebt und ganz kurz mit seinem ganzen Gewicht auf dem beschlagenen Tier lastet.

Brunftkämpfe

Der Brunftkampf zweier Hirsche sucht an Dynamik seinesgleichen in Europa. Kämpfe zwischen gleichberechtigten ausgewachsenen Hirschen können mit erbitterter Energie geführt werden und sich bis zu einer Stunde hinziehen. Sie enden dann oft mit der völligen Erschöpfung beider Kontrahenten, oft mit leichten Verletzungen, gelegentlich mit schweren – ganz selten einmal enden sie tödlich.

Diesen Kämpfen, die nicht selten auch „lachende Dritte“ zum Ergebnis haben, geht eine sehr ausführliche „Rivalenprüfung“ voraus. Schon auf weite Distanz, im Röhrduell, kann auf Alter und Stärke so manchen Gegners geschlossen werden. Je näher sich die potenziellen

Duellanten kommen, desto mehr körperliche Eindrücke über den Gegner gewinnen sie über dessen Stimmgewaltigkeit hinaus: Bringt er mehr Masse mit als ich? Ist er älter? Macht er einen eher rauflustigen und heißblütigen Eindruck?

Ist die Über- oder Unterlegenheit nun noch nicht geklärt, kommt es zu einer sehr genauen „Inaugenscheinnahme" zwischen den Hirschen, dem so genannten „Parallelmarsch" oder „Parallellauf": Dabei schreiten die Hirsche parallel direkt nebeneinander her und betrachten sich breitseitig. Sie taxieren dabei hauptsächlich den Körperrahmen des anderen und gelangen so zu einem recht soliden Bild von der Größe und der Masse und damit physischen Stärke des Gegners.

Dieses in der Summe sehr ausführliche und „ökonomische" Kräftemessen ohne Kräfte zu vergeuden macht in den meisten Fällen einen Energie zehrenden und unter Umständen verletzungsträchtigen Kampf zwischen den Recken überflüssig. Vom Röhrduell bis hin zum Parallelmarsch haben die Rivalen in aller Regel schon längst begriffen, wer der wahre König ist und den Thron zu Recht beansprucht – der andere räumt das Feld.

Hat jedoch selbst der Parallelmarsch keine vorzeitige Entscheidung gebracht, kommt es zum Kampf. Dabei werfen sich die Hirsche blitzschnell zueinander herum und binden die Geweihe. Nun versucht einer den andern vor sich her zu schieben – oft ist nach wenigen Minuten, manchmal schon nach Sekunden, das Duell bereits entschieden. Zieht sich bei ähnlicher Körperstärke der Kampf jedoch in die Länge, wechseln nahezu ständig die Rollen. Mal gewinnt der eine, mal der andere wieder die Oberhand. Kleine Pausen werden eingelegt, in denen die Hirsche röhren, den Boden bearbeiten oder Gräser und Erdreich durch die Luft schleudern. Dann werden wiederum die Geweihe so blitzschnell gebunden, dass das menschliche Auge nicht zu entscheiden vermag, von wem der neuerliche Impuls ausging. Lassen die Kräfte eines Kontrahenten nach, löst er sich spontan aus der Geweihbindung und flüchtet. Der Überlegene folgt ihm kurz, röhrt dem Flüchtenden nach und kümmert sich meist sogleich wieder um sein Kahlwild.

Königsmord ist nie das Ziel
Tödliche Kämpfe bei Hirschen sind stets Unfälle – Rothirsche kämpfen keineswegs in Tötungsabsicht miteinander. Die Flucht des unterlegenen Hirsches beendet die Kampfhandlung des Siegers. Bleibt die Flucht aus, wird auch die Aggression fortgesetzt. Ist der Unterlegene beispielsweise so erschöpft oder auch verletzt, dass er nicht mehr fliehen kann, setzt der Sieger die Kampfhandlung fort – mit oft tödlichen Folgen für den Besiegten.

Natürlich können auch die eigentlichen Kampfhandlungen mitunter tödlich enden. Entweder aufgrund unglücklicher tödlicher Verletzungen im Kopf-, Hals- oder Brustbereich oder zwei Hirsche „verkämpfen" sich, das heißt verhaken ihre Geweihe so unglücklich, dass sie sich nicht mehr voneinander lösen können und verhungern.

„Da flammts im Osten auf – o Morgenglut!
Sie steigt, sie steigt, und mit dem ersten Strahle
Strömt Wald und Heide vor Gesangesflut,
Das Leben quillt aus schäumendem Pokale,
Es klirrt die Sense, flattert Falkenbrut,
Aus nahem Forste tönen Jagdsignale,
Und wie ein Gletscher sinkt der Träume Land
Zerrinnend in des Horizontes Brand."

ANNETTE VON DROSTE-HÜLSHOFF

MAJESTÄT UND UNTERTANEN

Langsam zieht das Basthirschrudel durch das kaum hüfthohe Schilf auf mich zu. Vertraut und gemächlich wandern die Wiederkäuer, geradezu träge wirken sie. Zu den behäbigen Bewegungen der Hirsche steht jedoch das Verhalten zweier kleiner quirliger Gesellen in lebhaftem Kontrast: Zwei Stare begleiten das vielköpfige Hirschrudel schon seit über einer halben Stunde – und das ist kein Zufall!

Die beiden Vögel fliegen ständig zwischen den Hirschen umher, sitzen mal im Geweih, laufen die Rückenlinie – den sogenannten „Aalstrich" – entlang oder krallen sich seitwärts in die Decke der Tiere.

Gefiederte Kammerdiener – eine Hand wäscht die andere

Mit dem Spektiv bringe ich schnell Licht in das seltsame Verhalten der schwarzbunten Vögel, denn offenbar haben sie eine üppige Nahrungsquelle aufgetan: Bei ihrer Wanderung über den Hirschrücken sieht man die Stare ständig rechts und links picken und auch die Seitenpartien der Decken werden fleißig mit dem Schnabel bearbeitet. Wahrscheinlich nehmen die Vögel viele der Dasselfliegen auf, die die Hirsche um diese Jahreszeit so zahlreich piesacken – die Fliegen versuchen, ihre Eier zwischen den Haaren der Hirsche abzulegen.

Die Stare jedoch verschmähen wohl kaum ein Insekt bei ihrer Sucharbeit im Haarkleid der Hirsche, gewiss werden sie sich auch so manche Zecke oder Hirschlaus zu Gemüte führen. Einige „schwindelfreie" Stare krallen sich sogar seitlich in die Decken der Hirsche und erweitern damit wesentlich ihren Aktionsraum.

Nach einer anfänglichen Neugier nehmen die Hirsche die gefiederten Gäste kaum mehr wahr und unterbrechen ihr Äsen bei den wiederholten Besuchen der Vögel nicht mehr. Doch nicht nur das Haarkleid der Hirsche dient den Vögeln als Speisekammer. Gelegentlich setzt sich ein Vogel in die Krone eines der kurz vor dem Verfegen stehenden Geweihe: Um die zum Teil schon blutunterlaufenen Geweihenden haben sich große Fliegenschwärme gebildet – die Insekten versuchen offenbar,

Hirsch und Widder bewundern den Gesang eines Stares, der eine als Bühnenbildner, der andere als Gast.

Buntes Leben im Reich des Königs: Neuntöter und Schwalbenschwanz

ihre Eier in die offenen, blutigen Bastpartien abzulegen. Die Stare hingegen sind eifrig damit beschäftigt, der Fliegen selbst habhaft zu werden und picken außerdem offenbar auch deren kleine Eier oder Larven aus den offenen Bastwunden.

Einige Hirsche scheinen jetzt im Team mit den Staren zu spielen: Die Vögel hatten während der Nahrungssuche im Bastgeweih bei den Äsungsbewegungen der Hirsche gewisse Gleichgewichtsprobleme und nun verfällt der eine oder andere Hirsch für wenige Sekunden in eine Bewegungsstarre, sobald sich ein Star in sein Geweih setzt. Die Hirsche unterstützen ganz offensichtlich damit die Säuberungsarbeit der fliegenden Helfer!

Für beide Seiten ist diese kurzfristige Liaison von großem Nutzen: Die Hirsche sind Nahrungsquelle für die Stare und die Vögel säubern Decken und Geweihe von lästigen Parasiten und Quälgeistern. Eine derartige zeitweilige und lockere Vergesellschaftung von Großtieren und Vögeln finden wir weltweit bei verschiedensten Tieren. „Allianz" nennt der Ökologe diese kurzfristigen Bindungen zwischen verschiedenen Arten, die für beide Seiten Vorteile bringen.

Der Star, ganz „weltmännischer Anpassungskünstler", nutzt natürlich auch zahlreiche andere Großtiere für seine Beutezüge. Dies kann anderes Schalenwild wie Mufflons oder auch Damhirsche sein, aber auch zahlreiches Vieh von Pferden bis hin zu Schafen.

Restaurant und Baustofflieferant

Und der Star ist beileibe nicht der einzige heimische Kleinvogel, der parasitengeplagte Großsäuger als Restaurant zu nutzen weiß. Bachstelzen suchen ähnlich wie die Stare die Rückenpartien des Großwildes nach Insekten ab. Sie bewegen sich dabei aber immer entlang der Rückenlinie. Aufgrund ihrer andersartigen Fußanatomie können sie sich nicht seitlich in die Decken einkrallen. Auch die Geweihe bleiben den Bachstelzen aus diesem Grunde als Nahrungsquelle verwehrt.. Allerdings umschwirren sie die Geweihten häufig im „Hubschrauberflug" und erhaschen dabei so manches Insekt im Fluge!

Mediterrane Eleganz über mitteleuropäischem Treiben – dem Silberreiher wäre wohl ein Tummelplatz von Rotfedern sicher lieber als ein Brunftplatz von Rothirschen.

Ein ähnliches Verhalten ist auch von unseren beiden anderen heimischen Stelzenarten bekannt: Von der gelbgrauen Gebirgsstelze, die in den Mittelgebirgen an Bächen lebt und dort an gewässernahen Äsungsflächen mit Großwild oder Vieh zusammentrifft, und von der überwiegend gelben Schafstelze – nomen est omen! –, die in extensiv genutzten Acker- und Wiesenlandschaften lebt. Alle drei Stelzenarten sind im Gegensatz zu den Staren ausgesprochen geschickte Flieger und haben im Luftkampf mit den lästigen Insekten daher erhebliche Vorteile – ein Star ist bei weitem zu plump, um eine flotte Fliege im Flug zu erhaschen. Beim Buffet am Großwild gleichen die Stelzen das Handicap „Fußanatomie" durch „Luftüberlegenheit" also ein Stück weit wieder aus!

Rotwild ist aber zahlreichen Vogelarten nicht nur Nahrungslieferant, sondern dient ihnen auch in Sachen „Häuserbau". Von Dohlen und Meisen, ja selbst von Kolkraben ist bekannt, dass sie im Frühjahr das Winterhaar des Rotwildes zur Auspolsterung ihrer Nester verwenden. Die Winterhaare besitzen hervorragende isolierende Eigenschaften und eine mit Rotwildwinterhaar ausgepolsterte Meisenkinderstube kann man sich wohl ausgesprochen gemütlich vorstellen.

Meist sammeln die Vögel das ausgefallene Winterhaar von den Ruheplätzen des Wildes. Man beobachtete jedoch auch schon dreiste Dohlen und Meisen, die in fürsorglicher Ungeduld für den Nachwuchs nicht so lange warten wollten: Sie zupften das schon locker stehende Winterhaar direkt von dessen Träger!

Den im letzten Fall offensichtlich einseitigen Nutzen für eine Art, ohne dass die andere Seite einen Schaden daraus hat, nennt man in der Ökologie eine „Parabiose“.

Konflikte nicht auszuschließen

Das Zusammenleben von Rotwild und Vögeln verläuft aber nicht immer und ausschließlich harmonisch und konfliktfrei ab. Ein Vogel Europas kann Rotwild ernsthaft gefährlich werden – er ist in der Lage, zumindest junge Rothirschkälber zu töten: der Steinadler. Während dieses Phänomen in der Bergwelt der Alpen bisher wohl kaum zu beobachten war – die Hauptbeute des Adlers in den Alpen sind Murmeltiere –, ist es in den weiten, baumfreien schottischen Highlands an der Tagesordnung.

Eine Konkurrenz um Äsung hingegen kann es dort geben, wo Gänse und Rothirsche um die von beiden bevorzugte Grasnahrung „streiten“. In einem der größten holländischen Naturschutzgebiete den „Oostvaadersplassen“ ist dies der Fall. Hier teilen sich fast 2 000 Hirsche einen 6 000 Hektar großen Raum mit im Sommer bis zu 20 000 Graugänsen und im Herbst und Winter mit Zigtausenden Nonnen-, Saat-, und Blessgänsen. Sowohl das Rotwild als auch die Gänse haben einen erheblichen Anteil an der Kürzung der Grasnarbe und der Offenhaltung des Geländes.

Gelegentlich spielen aber Hirsche ihre körperliche Überlegenheit gegenüber den Gänsen auch gerne einmal aus: Es war an einem Spätsommerabend in Mecklenburg. Am Ufer eines Flachwassersees hatten sich Hunderte von Graugänsen versammelt. Sie standen im seichten Wasser und waren überwiegend mit der Gefiederpflege beschäftigt. Den See hatten sie wohl auch als Schlafplatz auserkoren.

In der noch frühen Dämmerung trat ein Rudel von vier jungen Hirschen aus der jenseitigen Schilfkante. Sie zogen zirka 100 Meter hinter den Gänsen durch den See in Richtung der weit entfernten Grünlandflächen, die sie regelmäßig zur Äsung aufsuchten. Die Hirsche hatten den See schon durchquert, als einer von ihnen zur Seite ausbrach und leichten Galopps durch das knöcheltiefe Wasser auf die Gänse zuhielt. Die anderen Hirsche folgten und Sekunden später waren Hunderte von schnatternden Gänsen in der Luft. Nachdem die jungen „Könige" nun allein in ihrem Wasserreich waren, standen sie noch einen Augenblick majestätisch – oder vielleicht doch eher unschlüssig? – im Wasser umher, ehe sie zu ihrem ursprünglichen Wechsel zurückkehrten. Reiner jugendlicher Übermut schien die jungen Hirsche zu dieser Tat veranlasst zu haben!

Doch zwischen Gänsen und Hirschen kann es auch sehr positive Verbindungen geben – die räumliche Nähe, die die Arten zueinander suchen, muss nicht nur in der ähnlichen Nahrung begründet sein. Es wird vermutet, dass Großsäuger und Gänse sich in ihrer Feindwahrnehmung möglicherweise ergänzen. Dass Vögel schlecht und Rothirsche gut hören, würde ebenso hier hineinpassen wie die unterschiedlichen Körpergrößen und „Flugfähigkeiten" beider Tierarten – Rothirsche haben deutlich mehr terrestrischen „Durchblick", während Gänse nötigenfalls über mehr „Luftübersicht" verfügen.

Rothirsche und Wildänse, bei der Nahrungssuche Konkurrenten, bei der Feindabwehr Komplizen – die Natur duldet kaum eindimensionale Sichtweisen.

Ungleiche Gegner in spielerischem Kampf

Turnierspiele auf dem Truppenübungsplatz

Das Verhältnis des Königs der Wälder zu anderen heimischen Großsäugern ist geprägt durch „mäßige Konkurrenz“ als auch tendenzielle Gleichgültigkeit – Rotwild kann sich den Lebensraum mit allen anderen Schalenwildarten problemlos teilen. Was nicht heißt, dass es nicht doch auch mal zu „Reibereien“ kommt: Auf einem großen Truppenübungsplatz waren Rot- und Muffelwild häufig gemeinsam auf den Äsungsflächen zu beobachten. Gewöhnlich nahmen beide Arten keine Notiz voneinander, ästen aber häufig in sehr enger Nachbarschaft.

Einmal kamen sich jedoch ein junger Hirsch und ein junger Widder sehr nahe. Der Widder war offenbar in Spiellaune und die beiden Tiere begannen ganz vorsichtig und spielerisch ihre Waffen zu kreuzen. Der Widder war dabei die treibende Kraft und der deutlich aktivere Part. Er senkte immer wieder die Schnecken, um den Hirsch zum „Kampf“ herauszufordern. Der überlegene Gegner ging jedoch nur sehr widerwillig auf den andersartigen Heißsporn ein und senkte eher gelangweilt das Haupt.

Der Widder jedoch verstand dies wiederum als Aufforderung und langsam wurde auch der Hirsch ein wenig angesteckt. Nach nur wenigen „Waffengängen“ war aber der Elan bei beiden verflogen und man gab sich wieder ganz dem Äsen hin.

Vielleicht kannten sich beide aber auch schon aus vergangenen Kinderzeiten: Zwei Jahre zuvor hatte ich im Sommer ein Muffellamm und ein Rothirschkalb beobachtet, die neugierig aufeinander zuschritten. Mit weit geöffneten „Nüstern“ schienen sie offenbar die Spieltauglichkeit des Gegenübers zu prüfen. Nach dem scheinbaren Nasenkontakt wurde aber von beiden die Artverschiedenheit erkannt – rasch ging es zurück in die Geborgenheit des arteigenen Rudels.

Rotwild und Rehwild

Natürlich gibt es etliche Überschneidungen in den Bedürfnissen und Ansprüchen der verschiedenen Schalenwildarten. Während das Reh ja eher ein „Naschertyp“ und „Konzentratselektierer“ ist, der eiweißreiche Kräuter und Knospen bevorzugt, sind Dam- und Muffelwild schwerpunktmäßig Grasfresser, die mit verholzter, schwer verdaulicher Nahrung zurechtkommen. Das Rotwild liegt zwischen den beiden Extremen und wird daher auch als „Intermediärtyp“ bezeichnet.

Kommen von einer bestimmten Wildart jedoch immens hohe Dichten vor, kann dies zu Verdrängungsprozessen führen. Klassisches Beispiel ist die Rotwild-Rehwild-Relation in vielen Lebensräumen Mitteleuropas. Kommt Rotwild zahlreich vor, ist Rehwild meist selten. Werden die Rothirschbestände dezimiert, steigt der Bestand an Rehen an.

Im Schweizer Nationalpark konnte diese Entwicklung gut dokumentiert werden. Zu Anfang des letzten Jahrhunderts wanderte in das fast wildfreie Gebiet Rot- und Rehwild ein. Hielten sich in den vierziger Jahren noch rund 200 Rehe neben fast 400 Stück Rotwild, standen in den siebziger Jahren 1600 Stück Rotwild nur noch vierzig Rehen gegenüber – das kleine Reh war dem großen Vetter Hirsch gewichen.

Das Reh ist eigentlich die einzige Schalenwildart, die bei einem „Mehrartenspektrum“ deutlich den Kürzeren zieht. Andererseits können Rehe aber auch extrem schnell wieder Lebensräume füllen, wenn die Konkurrenz durch andere Arten ausfällt.

Königliche Gelassenheit und wenig Konkurrenz

Während hohe Schwarzwildbestände bei Rehen zu Kitzverlusten führen können, scheinen Rotkälber kaum gefährdet zu sein. Vermutlich können Alttiere aufgrund ihrer Körpergröße ihre Kälber wirksamer gegen Sauen verteidigen als Ricken ihre Kitze.

Grundsätzlich sind jedoch die Konkurrenzverhältnisse in den meisten Revieren zwischen Rotwild und anderen Wildarten eher zu vernachlässigen und beschränken sich auf Ausnahmen. Dies gilt auch für das Hochgebirge: Dort

Könige mit wechselndem Gefolge: Pferde, Sauen, Damhirsche und Mufflons

gibt es zwischen Rotwild auf der einen und Gams- und Steinbock auf der anderen Seite offenbar auch ein „gentleman agreement“. Die Lebensräume überschneiden sich ja weiterreichend als man denkt, da Rotwild in manchen Regionen sommers wie winters auch über der Baumgrenze steht. Und umgekehrt zieht Steinwild und vor allem auch das Gamswild immer wieder einmal talwärts und besiedelt dann auch Teile der hochgelegenen Waldregionen.

Forstliche Probleme können sich allerdings bei mehreren „beteiligten“ Arten sowohl im Flachland als auch im Hochgebirge durchaus potenzieren. Beim Vorkommen mehrerer Schalenwildarten ist besonders akribisch auf „landeskulturell angepasste Dichten“ zu achten.

HOHEIT IN ENTFREMDETEN REICHEN

„Der Rothirsch könnte hier die Rolle einnehmen, die ihm Waidmänner seit jeher andichten, nämlich ‚König der Wälder' zu sein – aber bitte, wie es Souveränen geziemt, angemessen selten und nicht in proletarischen Massenansammlungen wie bisher."

Dies war, vor nun fast drei Jahrzehnten, ein markanter Satz aus dem Buch „Die Lage des Waldes". Er hat mich sehr fasziniert, brachte er doch rhetorisch geschickt auf den Punkt, was damals auch für mich offenkundig war. Der mitteleuropäische Wald „litt" an und unter zu viel Rotwild! Horst Stern hatte diese Erkenntnis schon am Heiligabend des Jahres 1970, journalistisch brillant inszeniert, in die deutschen Wohnzimmer getragen. Inhaltlich gestützt wurde Sterns Sendung von Forstleuten, die Gutes im Schilde führten: Sie hatten sich vorgenommen, die Fichten- und Kiefernsteppen unserer Heimat wieder in blühende Mischwälder umzuwandeln. Vor allem zwei Gründe standen diesem Vorhaben entgegen: zu viel erzkonservative Forstbürokratie und zu viel Schalenwild.

Am König scheiden sich die Geister

Im vermeintlichen Gefolge Sterns und seiner Mitstreiter waren besonders unter jungen Forstleuten und Jägern Parolen wie „Wald vor Wild" und „nur ein toter Hirsch ist ein guter Hirsch" bald weit verbreitet. Die Anhänger dieser eindimensionalen Schlagwörter sahen sich als edlen Gegenpart zum ewigen Rotwildheger und -züchter, der den Geweihen huldigte und die Wälder vor die Hunde gehen ließ. So spaltete sich das Wald-Wild-Land Deutschland bald in zwei Lager. Wenn die Auseinandersetzung heute auch um ein paar feine Nuancen reicher geworden ist, steht die Mauer immer noch – die Mauer zwischen der „Wald-" und der „Wildfraktion"!

Die Argumente beider Seiten sind mehr als geläufig. Die Waldfraktion spricht von „Ökologischer Aufwertung der Wälder" (manche meinen damit aber: mehr Holz = mehr Geld!) und die Wildfraktion spricht vom „Kulturgut Rothirsch"(manche meinen damit aber: mehr Hirsche = mehr Geweihe!)

Königinnen und Könige sind von Natur aus eher selten – wo der König der Wälder zur „Massenware“ wird, sind Konflikte oft eine unausweichliche Folge ...

Meine ersten Begegnungen mit Wald und Wild reichen weit in die Kindheit zurück, in die Wälder der Eifel. Genauso zahllos wie die Fichten waren dort die Hirsche. Und meine kindliche Verehrung dieser Wälder galt eigentlich den Hirschen, die in ihnen lebten. Große Kahlschläge – Äsungsplätze und Brunftlichtungen, voll von roten Fingerhüten und abends und morgens vielleicht von roten Hirschen. Große Dickungen, still und geheimnisvoll – in jeder konnten die wundersamen Hirsche liegen. Ein Hirschfreund und -bewunderer war ich. Die Wälder waren mir heilig, weil Hirsche in ihnen lebten, und jedes Trittsiegel, jeder gefegte Baum und jede gefundene Abwurfstange legten einen Glanz in meine Kinderaugen.

Der Weg zur Harmonie zwischen Wald und Wild führt weg vom monotonen Holzacker und hin zum gestuften, gemischten und ungleichaltrigen Wald.

Doch unbeschwerte Kindheit und Jugendzeit verflog. So fest wie meine Liebe zu den Hirschen steht, so anders ist doch mein Bild von ihnen und ihrem Lebensraum Wald geworden. Die großen Fichtenwälder sah ich mehr und mehr als das, was sie sind: naturfremde Holzäcker, in denen kaum ein Kraut keimte oder ein Vogel sang; die Kahlschläge – heilige Brunftplätze in Kindheitstagen – pure Katastrophen für den Wald; die schönen roten Fingerhutfluren – das einzige vom Rotwild verschmähte Kraut; die Dickungen – lebensarme Stangenmeere, verlassen von Schmetterlingen und Vögeln; und die Hirsche, die verehrten Begleiter und Wächter meiner Kindheit – Geißel und Vernichter des Waldes?

Entmachtet und des Reiches beraubt
Ich atmete schwer in diesen Zeiten. Lange zauderte ich und grübelte, was schwerer wog. „Die Freiheit des Einzelnen endet dort, wo sie die Freiheit des anderen beschneidet.“ Doch wer beschnitt hier letztendlich wessen Freiheit? Die in Reih und Glied stramm gepflanzten Fichten ließen so gut wie keinen Raum für bescheidene Restnatur. Und diese bescheidene Restnatur fraßen die Hirsche dann auch gleich auf – womit sie selbst zum bescheidensten Rest an Natur wurden. Man hatte dem König sein Reich genommen und ihn in Fichtenverliese gesperrt. Und so ist es landauf, landab mancherorts immer noch: Kurzfristig profitable Nadelforsten stehen über jagdpachtrentablen

Hirsche sind anspruchslose Vegetarier. Entfernt man jedoch sämtliche Natur aus ihren Lebensräumen und lässt nur holzbestimmte Einheitsforsten zurück, darf es nicht wundern, wenn sie dagegen „zu Holze" ziehen.

Hirschhorden – für wirkliche Natur ist hier kaum mehr Platz als an der Düsseldorfer Königsallee oder am Berliner Alexanderplatz!

Und wo der König der Wälder überhaupt residieren darf, wo die Grenzen seines bis zur Unkenntlichkeit veränderten Königreiches zu verlaufen haben – auch das gibt ihm der wirtschaftende Mensch vor. Rotwildgebiete und Rotwildfreie Gebiete sind die harmlos klingenden Bezeichnungen für diese Grenzziehung. „Rotwildfrei" sind weite Teile des Landes aber nicht natürlicherweise, sondern per Verordnung zu halten, denn hier wird der König nicht geduldet.

Man muss sich beim Thema Forst und Rothirsch einmal vor Augen führen, was „Wald" heute eigentlich ist, und vor allem, wie weit der heutige Wirtschaftsforst entfernt ist von dem, was Wald ursprünglich einmal war: Die Baumartenwahl entspricht in den seltensten Fällen der natürlichen Vegetation, oft genug passt sie nicht einmal zu den Standortbedingungen; mancherorts prägen gar ausschließlich Fremdländer den Wald. Die forstliche Entnahme von Baumindividuen entspricht kaum der natürlichen Selektion: Sperriges, Protziges, Knorriges wird entfernt – die Bäume werden „gleichgeschaltet". Die gesamte Waldentwicklung wird auf die „Kindheitsphase" reduziert – Hunderte von Jahren langsamen Sterbens und Vergehens mit allen damit verbundenen ökologischen Nischen gehen so im Forst verloren, obwohl 25 % der Lebewelt eines europäischen Urwaldes von Totholz lebt! Immer noch werden im Forst „überflüssige" Pflanzen und Tierarten entfernt, obwohl längst bekannt ist, dass sie nicht nur für die Ökologie eines Waldes, sondern auch für den Forstschutz eine große Rolle spielen!

In diesem Kunstgebilde lebt auch der Rothirsch und er muss mit dem zurechtkommen, was der menschengemachte Holzacker ihm übrig lässt. Dass er dagegen zuweilen „zu Holze zieht", kann man ihm eigentlich nicht mal verübeln.

Jagen und die Natur machen lassen

Als der Försterfreund vor rund 15 Jahren das Revier übernahm, konnte man Hunderte von Metern durch die

„Und so senkte sich die Seite des Waldes bald tief hinab und ward schwerer befunden als die ach so sehr geliebten Hirsche. Nicht nur für Hirsche durften die Wälder da sein.“

Bestände schauen. Man sah die Rotwildrudel schon Tage bevor sie dann möglicherweise mal beim eigenen Stand vorbeikamen ... Dann jagten wir eineinhalb Jahrzehnte intensiv und ließen den alten Wald überwiegend „einfach machen“ – den alten Wald und auch den Eichelhäher. Einen fast 200 Hektar großen Kiefernbestand verwandelte der Häher (mit jagdlicher Hilfe) in dieser Zeit in einen Mischwald. Unter die Kiefer säte er, ohne Spatenstich, ohne menschliche „Schaffenskraft“, die Eiche – ein Geschenk der Natur. Vorher hatte sich das Wild seine Einstände nur in den Dickungen oder Stangenhölzern suchen können, hatte es Äsung fast nur auf den waldnahen Wiesen oder auf den alten Kahlschlägen gefunden.

Nach eineinhalb Jahrzehnten intensiven Jagens ist jedoch nicht nur in den alten Kiefern alles ganz anders geworden: Auf der ganzen Fläche von über 1000 Hektar finden sich sowohl Einstand als auch Äsung. Überall keimen Geißblatt und Himbeere, Eiche und Vogelbeere. Mancherorts erfreuen uns gar Linde und Ulme, Esche und Ahorn und bereichern die Baumartenvielfalt. An jedem Ort und zu jeder Zeit kann Wild in Anblick kommen – intensive Jagd und die Kräfte der Natur haben aus diesem Revier ein Jagd- und ein Waldparadies gemacht!

Und wie zitterten wir jahrelang und bangten auch manches Mal ums Wild, wenn wir des Öfteren fürchteten, den Bogen überspannt zu haben, wenn Ende Januar die letzten Rehe für den Plan kaum mehr zu bekommen waren! Wildleer wirkten die Wälder! – Und kaum war das Frühjahr gekommen, da standen sie wieder überall auf den Schneisen und an den Wegrändern und hielten uns zum Narren. Und je dichter der Wald wurde, desto erfolgreicher narrten sie uns: Jagd wurde schwieriger, anspruchsvoller – und erfüllender!

Dem König, was des Königs ist!

Könnte man sich doch nur in den vielen so sterilen Kiefern- und Fichtenwäldern unseres Landes auch einmal für ein paar Jahre dazu entschließen, richtig zu jagen – richtig zu jagen! – und nicht nur ein wenig vom Sahnehäubchen abzuschöpfen, so dass es weder der Wildbestand noch der Wald überhaupt merken. Gehört so viel Fantasie dazu, sich auszumalen, was für grandiose Wildlebensräume in den neuen Wäldern entstehen können? Je nach Standort könnten die vielen Fichten-, Kiefern- oder auch Douglasienforsten wieder in vitale Mischwälder umgewandelt werden, in Wälder, die den Namen „Wald" auch wirklich verdienen.

Solche Wälder müssen jedoch das Ziel aller sein – und nicht nur der Jäger. Auch Waldbesitzer und -bewirtschafter müssen sich dazu entschließen, die Kräfte der Natur zu nutzen und ihre Geschenke anzunehmen, denn Fichten- und Kiefernmeere hat nicht das Wild gepflanzt, um sie dann vollmaschinell „pflegen" und ernten zu können. Kategorien wie „nützlich" und „unnütz" gehören auf den Prüfstand, der begonnene Prozess des Umdenkens muss konsequent weitergehen und alle Teile der deutschen Lande erreichen, denn vielerorts stehen immer noch Holzäcker mit der biologischen Wertigkeit eines konventionell bewirtschafteten Maisfeldes.

Neue, stabile Mischwälder könnten, naturgerecht bewirtschaftet, Paradiese fürs Wild sein – allesamt! Der König der Wälder könnte hier neue Reiche begründen, die den Namen auch verdienen – nicht in „Rotwildgebieten" und „Rotwildfreien Gebieten", sondern überall dort, wo ihm der Lebensraum zusagt.

Und welche Lust solche Wälder zu durchstreifen, ja in solchen Wäldern Hirsche zu jagen – zehn „Fichtenwüsten- und Kiefernsteppenhirsche" gegen einen einzigen „Mischwaldhirsch"!

Dort wo Wild nachhaltig und intensiv genutzt wird und auch der forstliche Wille zum Mischwald da ist, werden zukünftig wieder wahre Wälder wachsen.

Wild und Wald einander würdig

Es war ein klarer Septembermorgen – einer dieser schönsten Tage des Jahres. Die Nächte schon kalt und klar, die Tage aber noch sonnig und voll von letzter Sommerwärme. Draußen auf den Wiesen schrien zwei Hirsche, ein großer, lichter Alteichenbestand mit einem Dschungel aus jungem Wald, Strauch und Kraut trennte mich von ihnen.

Es war schon heller Tag, als ich das Rudel aus weiter Entfernung anwechseln hörte. Kaum 20 Meter entfernt trat das erste Alttier auf den Weg, sicherte kaum und war schon jenseitig verschwunden. Das Kalb des Leittieres ließ ich unbehelligt. Das nächste Kalb lag. Noch immer schrie ein Hirsch in den Eichen. Bald trat das zweite Rudel auf die Schneise, weit im Osten. Wieder lag das zweite Kalb. Und auch die Freunde erlegten zwei Kälber.

Ein Jagdmorgen zwischen den alten Eichen – der junge Wald würde wieder wachsen und im darauffolgenden Jahr neuen Generationen neuen Wildes Lebensraum geben. Hier war der Wald des Wildes und das Wild des Waldes würdig – hier passte beides und fügte sich zu einem Ganzen. Hier war es keine gequälte Einheit von künstlichen Nadelforsten und Schalenwildeinheiten, kein „Wald vor Wild" und kein „Wild vor Wald". Es herrschte kein rücksichtsloses Gezüchte von Geweihprunk und kein lotterhaftes Schalenwildgemetzel. Es war ein einfacher, ich hoffe gerechter Umgang mit Wald und Wild. Man ging nicht gegen eines von beiden an – man ging mit beidem um!

Hirsch und Eichen, Symbole alter europäischer Urwälder und hoffentlich auch wieder des zukünftigen europäischen Waldes!

DAS ZEPTER IN WEISER HAND

Sommerliche Hitze liegt über dem stillen Waldmoor. Der Steig zum kleinen Schirm ist säuberlich geharkt – spröde, trockene Kiefernnadeln hätten sonst jeden meiner Schritte verraten. Die weißen Flugfrüchte des Wollgrases haben sich schon über das Moor verteilt und erste Sommerlibellen fliegen jagend über moosbedeckte Schlenken. Der Wind scheint eingeschlafen, doch manchmal neigt sich noch das trockene Pfeifengras zu mir herüber – ich habe die Hoffnung auf suhlende Hirsche.

Am heutigen Nachmittag dient die Suhle jedoch nicht den Hirschen zum Bade: Zwei Bluthänflinge fliegen ein und bringen mächtig Bewegung in das flache, morastige Wasser. Wenige Minuten später blitzen helle Flügel auf: Ein Trauerschnäpperweibchen sitzt am Rande der Suhle und flattert ein ums andere Mal in die Höhe, um die hier zahlreichen Mücken zu erbeuten. Im Verlaufe des Nachmittags profitieren dann noch eine Singdrossel und drei Kohlmeisen von der Suhle der roten Hirsche ...

Quo vadis, Rothirsch? Im Kunstforst fällt viel „Schatten“ auf das Rotwild – im natürlichen Ökosystem auch viel „Licht“!

Zwei Seiten derselben Medaille

Die Rolle des Rothirsches im Wald ist in manchen Köpfen seit Jahren zementiert: „Hardliner“ unter den Forstleuten sehen in ihm den schälenden Baumvernichter, den verbeißenden Verjüngungsfrevler, der fegend und schlagend durch Mitteleuropa zieht. Sie betrachten ihn als Schädling im Ökosystem und nennen ihn in einem Atemzug mit Borkenkäfer und Nonne, Schwammspinner und Eichenwickler. Zweifelsohne kann der Einfluss des Rotwildes auf den Wirtschaftsforst nachteilig sein und er ist es vielfach auch. Das eigentliche Problem ist jedoch das „Management“ von Wald und Wild – „man-made“ ist die so genannte Hirschproblematik und auf dem Rücken des Rothirsches wird sie in der Regel auch ausgetragen.

Das Rothirsch-„Problem“ ist die eine Seite und nur die forstwirtschaftliche Seite der Medaille. Drehen wir diese Medaille jedoch einmal um, lassen forstlichen Einfluss und forstliche Interessen außen vor und betrachten den Rothirsch im Licht natürlicher Ökosysteme. Bei einer solchen so genannten ökosystemaren Betrachtung löst

sich der schwarze Schatten, den die ökonomischen Interessen des forstwirtschaftenden Menschen auf den König der Wälder werfen, sehr schnell auf.

Leider hat die wildbiologische Forschung zu dem Thema über Jahrzehnte so gut wie nichts beigetragen, da sie sich stets an zwei Futtertrögen sattgefressen hat – der jagdlichen und der forstlichen Perspektive! So füllen die Studien über Geweihwachstum und Kraftfuttergaben auf der einen und Verbiss- und Schälschäden auf der anderen Seite ganze Aktenschränke, doch über die Rolle des Schalenwildes im Ökosystem gibt es bisher nur verschwindend wenig Untersuchungen, eher nur „lockere Hinweise".

Trotzdem wissen wir inzwischen so viel über die Rolle großer Tiere in heimischen Ökosystemen, dass die einseitige Betrachtung des Schalenwildes als Waldschädling längst einem differenzierteren Bild gewichen ist – oder das dringend tun muss! Eingefleischte Schalenwildskeptiker denken jetzt vielleicht: Wieder so ein alter Hirschzüchter, der mit neuen Argumenten alte Trophäenwände frisch vertäfeln will! Weit gefehlt – und ich bekenne mich gern dazu: Überhöhte Schalenwildbestände schaden unzweifelhaft dem Forst (sprich, dem zu nutzenden Wald – und hier vor allem dem, den tatsächlich auch der Waldbesitzer vom profitablen „Nadelholzacker" in einen „wirklichen Wald" umbauen will) und darf und soll daher auch scharf bejagt werden.

Weithin offen liebt der Hirsch seine Welt – und er schafft Raum für manch anderes Getier.

Lösen wir uns jedoch einmal von dem seit Jahrzehnten wohl gepflegten forstlichen Tunnelblick und betrachten etwas ganzheitlicher die biologische Rolle des Schalenwilds im Ökosystem – da gibt es so manche Überraschung. Führen wir uns das wenige, das wir dazu wissen, einmal vor Augen und schauen, was da so passiert. Und das eben nicht durch die forstliche oder jagdliche Brille, sondern möglichst neutral aus der Sicht von Natur und Ökosystem: Verbiss, Schälen, Fegen, Schlagen, Suhlen, Sandbäder, Plätzen, Wühlen, Liegeplätze, Wechsel, Malbäume, Samentransport in Fell, Schalen und Kot.

Verbiss und Schälen

Der Verbiss von Knospen und Trieben und das Schälen der Rinde verändern zweifelsohne Wachstum und Vitalität von Bäumen und Sträuchern, sind aber in kaum einem Fall direkt tödlich. Verbiss kann zu einem verzögerten Höhenwachstum und bei steter Wiederholung zur klassischen Verbuschung der Bäume führen – so genannte „Bonsais" entstehen. Bei deutlicher Bevorzugung bestimmter Arten kann dies eine Veränderung der Baumartenanteile, die Verschiebung der Konkurrenzverhältnisse und zuletzt eine „Entmischung" der Bestände bewirken. Verzögertes Höhenwachstum und Entmischung aber sind forstlich unerwünscht.

Die Verbuschung von Bäumen und Sträuchern ist jedoch aus ökologischer Sicht ausgesprochen bemerkenswert: Verbuschte Buchen, Fichten oder Eichen sind für Buschbrüter unter den Vogelarten bevorzugte Nistplätze: Zilpzalp und Fitis, Grasmücken und Zaunkönige nutzen gerne derartige Strukturen. Ihr Vorkommen im Inneren geschlossener, dichter Wälder wird vermutlich von solchen Strukturen gefördert. Hochspezialisierte Insektenarten bevorzugen den inneren Bereich stark verbissener Jungbäume wegen des speziellen Innenklimas aus ausgesprochener Windruhe, geringer Verdunstung und wenig Temperaturschwankungen: Der Große Eisvogel, ein Tagfalter, bevorzugt beispielsweise zur Eiablage den Innenraum buschig wachsender Zitterpappeln. Aspen aber erwachsen im Regelfall eher schlank und schütter – buschig meist nur unter dem Äser des Wildes!

Besonders im Frühjahr ruft der Verbiss an Buchen interessante Nutznießer auf den Plan: An den frischen Verbissstellen treten Pflanzensäfte mit einem besonders hohen Zuckergehalt aus. Der ist wiederum eine wertvolle Nahrung für einige Arten von Blattläusen und Waldameisen! In durch Schälschäden kernfaulen Fichtenbeständen nehmen die Siedlungsdichten Holz bewohnender Rossameisen deutlich zu – die Ameisen nutzen kernfaules Holz zur Anlage ihrer Wohnhügel!

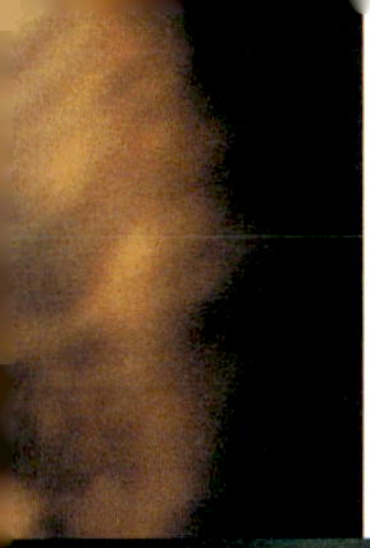

Ökonomischer Schaden, ökologischer Segen

Verbiss und Schäle können also Strukturen schaffen, die für hochspezialisierte andere Glieder des Ökosystems nutzbar sind. Der hohe Spezialisierungsgrad mancher Kleinlebewesen, ja ihre Abhängigkeit von derartigen Strukturen zeigt auch, dass Letztere keine Erscheinungen der Neuzeit in Ökosystemen sind. Schäle und Verbiss sind Jahrtausende alte, völlig natürliche Phänomene in unseren Ökosystemen und keinesfalls die „Erfindung“ überhegter Schalenwildbestände. Ein verbissener Baum ist genauso „Natur“ wie ein unverbissener!

Schäle und Verbiss sind in standortfremden Fichten- oder Kiefermonokulturen ohne Zweifel ein wirtschaftlicher Schaden – und genauso unzweifelhaft ein ökologischer Segen! Alles, was die naturwidrigen Fichten oder Kiefern zurückwirft und Platz für mehr eigenständige, natürliche Entwicklung schafft, kann aus Sicht des Ökosystems nur positiv sein.

Unter dem Blickwinkel des Urwalds ist die Schäle ein Struktur förderndes Mittel. Spechte nutzen oft Schälschäden als Ausgangspunkt für ihre Zimmermannstätigkeit. In solche durch Schäle und Specht entstandenen Höhlen ziehen wiederum oft Fledermäuse ein. Südthüringische „Schälspechtfledermaushöhlen“ dienten gleich mehreren Arten als Quartier – Bechsteinfledermaus und Kleiner Abendsegler waren dort zu finden. Nach Schäle entstandene Höhlen stellten dort einen Großteil der Fledermausquartiere. Hornissen gehörten dort ebenfalls zu den Nutznießern. Und auch der Baumläufer baut in der abgeplatzten Rinde auch vormals geschälter Bäume gerne sein Nest.

Als Folge der Schäle siedeln sich oft Pilze an, die wiederum ganz bestimmte Mikrowelten nach sich ziehen. Der Baum kann langsam absterben und bietet dann wiederum einem riesigen Heer an Nutznießern Lebensraum: zahllosen Käfern und anderen Insekten, Spechten und spezialisierten Totholzpilzen. So entsteht eine Lücke im Waldbestand, in der sich wieder neues Kraut- und Baumleben entwickeln kann.

Unter dem langen Atem von Urwald und natürlichem Ökosystem sind Verbiss und Schäle primär struk-

turfördernde und gestaltende Mittel. Ein ökologischer Schaden sind sie keineswegs. Die Forstpartie versucht nur beständig, ihre wirtschaftlichen Schäden als ökologische zu verkaufen. Ökologischer Schaden ist aber in der öffentlichen Diskussion unzweifelhaft plakativ und vermag weite Teile des Naturschutzes gegen das Schalenwild zu mobilisieren. Wo der negative Einfluss von Schalenwild auf Kiefer und Fichte, Douglasie und Strobe jedoch als ökologisches Desaster hingestellt wird, sollte man doch etwas hellhörig werden. Rothirsche haben in den meisten deutschen Ökosystemen deutlich ältere Rechte als standortfremde Kunstforste!

Herbstliche Wälder und heimliche Winkel – nicht nur das Wild selbst, sondern auch die Landschaften, in denen es lebt, machen das „Faszinosum Rotwild“ aus!

Buchenwälder – das Vegetationskleid Mitteleuropas
Schenkt man der Vegetationskunde Glauben, ist die Buche das prägende Element der Wälder Mitteleuropas. In einigen Sukzessionsstadien spielen auf vielen Standorten zahlreiche andere Laubbaumarten eine nicht unwesentliche Zwischenrolle. Die für Schalenwild attraktiveren Arten (Esche, Ulme, Ahorn, z. T. die Eiche) werden viel stärker verbissen als die Buche. Durch das Vorkommen von Schalenwild erhält die Buche daher oft noch einen zusätzlichen Konkurrenzvorteil – die anderen Baumarten haben oft kaum eine Chance, dauerhaft in die herrschende Baumschicht einzuwachsen. Hier führt der Schalenwildeinfluss offenbar zu einer Entmischung in Richtung eines „reinrassigen Buchenwalds“.

Wenn es also stimmt, dass die Buche dauerhaft die konkurrenzstärkste Baumart ist, zu natürlichen Monokulturen heranwächst und daher zu Recht der alles beherrschende Baum unserer Breiten ist, dann würde der Einfluss des Schalenwildes diesen Prozess ja nur forcieren – das Schalenwild wäre dann also natürlicher Katalysator für einen natürlichen, reinen Buchenwald!

Sicher wäre aber auf einigen Böden und unter bestimmten Konstellationen in Mitteleuropa ein eher gemischter Wald standortsgerechter. Solche Wälder werden also durch den Einfluss des Schalenwildes fallweise vermutlich zum reinen Buchenwald „gedrängt“. Doch auch dazu bleibt festzustellen: Baumartenentmischung durch Schalenwild kann unter bestimmten Bedingungen ein absolut natürlicher Prozess in Waldökosystemen sein!

Aufmerksam entsteigt er dem morastigen Bade – gut gesuhlt, Hirsch!

Eidgenössische Forschungsakribie

Im Schweizer Nationalpark wird seit nahezu einem Jahrhundert nicht gejagt. Dort versammeln sich inzwischen im Sommer auf knapp 15 000 Hektar bis zu 2 000 Stück Rotwild – dies sind rechnerisch bis zu vierzig Tiere pro 100 Hektar! In diesem Nationalpark wurden wohl die ältesten und am längsten dauernden Vegetationsstudien Europas erstellt, bei denen auch der Einfluss von Schalenwild auf die Ökosysteme der Bergwelt untersucht wurde.

Erstaunliches wissen die Schweizer zu berichten. Auf den ungezäunten, den Hirschen frei zugänglichen Probeflächen auf Almmatten und Bergwiesen war die Artenzahl an Krautpflanzen deutlich größer als auf den gezäunten Flächen – ein auf den ersten Blick überraschendes Phänomen! Der Beweidungsdruck durch Rothirsche führte aber offenbar zu einem veränderten Konkurrenzverhältnis zwischen den Pflanzenarten und ermöglichte einigen Arten überhaupt erst das Überleben. Verschiedene dominante Arten wurden so verbissen, dass für kleinere, unscheinbare Kräuter Nischen entstanden – Rothirsche als Förderer von Artenreichtum im Ökosystem!

Doch nicht nur auf Almmatten und Bergwiesen zeigten sich positive Einflüsse. Auch der Wald hatte offenbar unter dem hohen Verbissdruck kaum gelitten. In einem Bergföhrenwald aus Lärche, Fichte, Berg- und

Zirbelkiefer war zum Beispiel der Einfluss von Rothirschen und Gämsen so verschwindend gering, dass er sich auf die zukünftige Artenzusammensetzung kaum auswirkte. Jahrzehntelange Zäunungsexperimente ergaben keine deutlichen Unterschiede in der Vegetation, der Artenvielfalt oder der Baumverjüngung zwischen Zaunflächen und ungezäunten Vergleichsflächen. Diese Ergebnisse decken sich allerdings kaum mit Weiserzaununtersuchungen aus anderen Regionen Europas. Letztere erstrecken sich jedoch meist nur über wenige Jahre und nicht über fast ein Jahrhundert wie im Schweizer Nationalpark!

Die aus wirtschaftlicher Sicht natürlich relevante Frage nach der Holzqualität zwischen gezäunten und nicht gezäunten Flächen muss bei einer Bewertung des Ökosystems ganz anders als von der Forstwirtschaft beantwortet werden – geminderte Holzqualität ist nämlich kaum ein Qualitätskriterium für einen ökologisch negativen Waldzustand. Im Gegenteil: Hohe Totholzanteile sind zum Beispiel ein wesentliches Qualitätskriterium für mehr Naturnähe im Wald!

Urwaldreservat Bialowieza

Einer der letzten Flecken großflächigen naturnahen Waldes in Europa liegt in Ostpolen, an der Grenze zu Weißrussland. Im 150 000 Hektar großen Wald von Bialowieza gibt es einen 10 000 Hektar großen Nationalpark. Dessen Kernzone von 5 000 Hektar gilt als der letzte Rest unberührten Waldes im Flachland Mitteleuropas. Die Jagdleidenschaft polnischer und litauischer Könige und russischer Zaren sorgte dafür, dass nicht Axt noch Säge, nicht Vieh noch Haus diesen Wald berührten. Seit 12 000 Jahren, seit dem Rückzug des Eises, wächst der Wald nördlich des kleinen Dorfes Bialowieza nur nach den Gesetzen der Natur. Die Kernzone wird seit Jahrzehnten nicht bejagt – die Rotwilddichten liegen hier trotz Wolf und Luchs bei 6 bis 9 Tieren pro 100 Hektar. Manche Menschen sorgen sich nun um die Verjüngung des Urwaldes. Der Wald selbst hingegen nimmt den Verbissdruck offenbar ganz gelassen. Nach akribischen Untersuchungen polnischer Wissenschaftler hat der Urwald mindestens drei Strategien entwickelt, um mit Verbissdruck fertig zu werden:

„Ich mach ein Lied aus Stille und aus Septemberlicht“

EVA STRITTMATTER

1. Nach Samenjahren wachsen manche Verjüngungshorste so dicht auf, dass sich zumindest im Kern ein paar Bäume durchschieben können und nach einiger Zeit dem Äser des Schalenwildes entwachsen sind.

2. Nach Sturmwurf oder Schneebruch sind die inneren Bereiche der geworfenen und gebrochenen Flächen durch die „Mikadostruktur" der gefallenen Bäume (wie beim Gesellschaftsspiel „Mikado"!) so gut vor Verbiss geschützt, dass hier neue Baumgenerationen heranwachsen können.

3. Sein „langer Atem" garantiert dem Urwald das Überleben. Eine erschreckende Vision stand den polnischen Forschern vor Augen: Der Urwald war voll mit uralten Eichenriesen – es fand sich aber keine Verjüngung. Jahrelange Forschung brachte Licht ins Waldesdunkel: Nur alle fünfzig Jahre schiebt sich eine Eiche wieder ins Kronendach. Die natürliche Verjüngung der Eiche dauert im Urwald einfach so lange, das sie kaum wahrnehmbar ist! Gehen wir einmal von zwanzig Alteichen pro Hektar aus, entspricht dies einem Verjüngungszeitraum von 1 000 Jahren! Die souveräne Gelassenheit des Urwaldes entlarvt den fast stets auf Verjüngung wirtschaftenden Forstmann geradezu als betriebsamen Hektiker – mancherorts räumt die Forstpartie ihren Eichenforsten nicht einmal ein Jahrzehnt zur Verjüngung ein!

Am Beispiel von Eiche und Urwald zeigt sich auch sehr schön: Kaum verbissene Jungbaummeere aus Laubholz sind im Forst erfreuliche Phänomene und Garanten für den notwendigen Umbau artenarmer Nadelforste. Ein Synonym für „viel Natur" sind sie jedoch keinesfalls immer. Von ökologisch intakten Wäldern zu sprechen, nur weil zahllose Jungbäume unverbissen umherstehen, ist ein geradezu naiver ökologischer Ansatz!

Suhlen und Staubbäder

In vielen trockenen Revieren, ich denke an die großen Wälder der Lüneburger Heide oder auch des märkischen Sandes in Ostdeutschland, sind die manchmal über mehrere Jahrzehnte genutzten Suhlen des Rotwildes oft die einzigen freien Wasserstellen. Manche davon sind sicherlich erst durch die anhaltende Bodenverdichtung

Suhlen – Wellness und Spiel im Lebensraum

durch die schweren Wildkörper dauerhaft wasserdicht geworden.

Rotwildsuhlen sind Schöpfstellen für zahlreiche Säuger und Vögel und werden vor allem von letzteren gerne als Badestelle genutzt. Es gibt bisher keine speziellen Untersuchungen zur besonderen Lebewelt von Suhlen. Dabei sind diese gelegentlich austrocknenden Wasserstellen mit ihrer fast kontinuierlichen Wasserdurchmischung durch Säugetiere sicher ganz besondere Kleinlebensräume. Fest steht allerdings, dass Suhlen der Lebensraum für eine große Anzahl von Wasserinsekten sind, vom Wasserläufer bis hin zur Libellenlarve.

Lebensräume und Artenvielfalt durch Schalenwild: Orchideen, Moore, Erdkröten …

Zu einer der seltensten Libellen Deutschlands gibt es dazu eine hochinteressante Studie aus einem Moor in Mecklenburg. Dort fand die Hochmoormosaikjungfer nur in von

Staubbad des Rotwildes im sumpfigen Lebensraum: Hier sonnen sich Schlangen und Heuschrecken, Käfer und Falter.

Rotwild und Sauen aufgewühlten Moorschlenken geeignete Eiablageplätze. In nicht von Schalenwild genutzten Schlenken wuchsen dichte Torfmoosrasen so üppig, dass sich die Eier der seltenen Moorlibelle dort nicht entwickeln konnten. Die genannten Großsäuger ermöglichten durch ihren gestaltenden Einfluss eine dauerhafte Reproduktion der gefährdeten Libelle in diesem Moor – auch dies ein schönes Beispiel für die Förderung von Arten- und Strukturreichtum durch die Tätigkeit des Schalenwildes!

Auch etliche Amphibienarten nutzen die vegetationsarmen, trübwässrigen und flachen Rotwildsuhlen gern zur Ablage ihrer Eier. Zu nennen wären hier die Kreuzkröte und zwei Unkenarten: die im Tiefland vorkommende Rotbauchunke und ihr Pendant im Bergland, die Gelbbauchunke. In den Ostkarpaten fanden sich zahlreiche Gelbbauchunken in einer stark frequentierten Rotwildsuhle. Neben den Suhlen des Schalenwildes bieten sich der Art dort nur noch an der Basis aufgeklappter Wurzelteller geeignete Laichplätze.

Durch eine unterschiedlich intensive Nutzung der Suhlen entstehen vermutlich verschiedenste Lebensgemeinschaften von Insekten und Kleintieren. Hierüber ist jedoch bisher kaum etwa bekannt. Ähnliches gilt für die Vegetationsentwicklung in oder im Umfeld von Suhlen. Durch den regelmäßigen Tritt und die höhere Nährstoffanreicherung entstehen hier sicherlich Vegetationsformen, die sich von der sonstigen Flora deutlich unterscheiden.

Auch von intensiv genutzten Malbäumen profitieren andere Arten. An einer uralten Malbaumfichte in Bialowieza „arbeiteten“ zusätzlich der Schwarzspecht und die Rossameisen. Durch das langsame Absterben der Malbäume kann es zu einem veränderten Licht- und Verdunstungsregime der Suhlen kommen. Eventuell trocknen diese aus, werden nicht mehr genutzt und wachsen wieder zu.

Rotwild nutzt auch gerne einmal Staubbäder, die ähnlichen hygienischen Zwecken dienen wie die Suhlen. Zahlreiche wärmeliebende Insekten und sogar Schlangen nutzen die sich schnell aufwärmenden Sandpartien, die ohne die Nutzung durch das Schalenwild ebenfalls rasch zuwachsen würden.

Plätzstellen, Ruhestellen, Wechsel
Dort wo Schalenwild regelmäßig ruht, zieht oder den Boden aufwühlt, entstehen Rohbodenstandorte. Diese sind für ganz bestimmte Pflanzen optimale Keimplätze. Durch das stete Freilegen des Bodens – am intensivsten tut das natürlich unser Schwarzwild – wird ein sicherlich hochinteressantes Vegetationsmosaik gefördert. An den Ruheplätzen des Schalenwildes wird nicht nur häufig der Boden freigelegt, sondern durch die Losungsabgabe auch eine zunehmende Nährstoffanreicherung verursacht – auch dies kann die Grundlage einer ganz speziellen Vegetationsentwicklung sein.

Auch manche Orchideenart wächst zuweilen entlang von Wechseln, wobei bisher unklar ist, welche Prozesse hier eine Rolle spielen.

Samentransport in Fell, Schalen und Losung
Eine ganz gewichtige Rolle spielen zahlreiche Tiere bei der Verbreitung von Pflanzenarten. Dass die Bienen und zahlreiche andere Insekten für die Bestäubung vieler Pflanzen unentbehrlich sind, wissen wir alle. Und das Enten zuweilen Pflanzen von Gewässer zu Gewässer verbreiten, mag auch noch geläufig sein. Dass aber weit über 50 % der heimischen Krautpflanzen von Ameisen verbreitet werden, dürfte die meisten Menschen schon erstaunen. Zoochorie wird die Verbreitung von Pflanzen durch Tiere genannt und auch unser Schalenwild spielt dabei eine bisher völlig unterschätzte Rolle.

Bestimmte Pflanzenarten haben kleine Häkchen entwickelt, die sich im Fell vorbeilaufender Tiere, ob nun Maus oder Rothirsch festhaken und dann mehr oder minder weit transportiert werden. Die allseits bekannten Kletten gehören dazu. Wohl jeder von uns hat in der Kindheit mit den klebrigen Früchten schon Kontakt gehabt – „an einem hängen wie eine Klette" ist nicht umsonst ein bekanntes Sprichwort. Das Prinzip der Klette hat in Form des Kunstklettverschlusses inzwischen ja auch längst die Welt erobert. Doch nicht nur im Fell werden Samen befördert: Kleinere Samen bleiben oft mit Erde und Lehm während des Ziehens zwischen den Schalen des Wildes kleben und werden so weitertransportiert. Die Samenaus-

*„Soweit die Decken tragen" –
Kletten im Haar eines Rothirsches*

breitung über die Körperoberfläche von Tieren bezeichnen Ökologen als „epizoochor“.

Am bedeutendsten scheint in Mitteleuropa aber die Samenverbreitung in Tieren („endozoochor“), das heißt über die Losung zu sein. Zahlreiche während des Äsens mit aufgenommene reife Samen überstehen schadlos den Gang durch Magen und Darmtrakt und werden zusammen mit nährstoffreichem Kot wieder ausgeschieden. Die „Nährstoffummantelung“ durch Losung oder Kot verschafft dem Samen zuweilen noch einen Startvorteil gegenüber nicht geästen Samen. In einem brandenburgischen Moor wuchsen zum Beispiel Acker-Veilchen und Acker-Vergissmeinnicht direkt aus der Losung von Schalenwild. Die Samen wurden offenbar auf Flächen in der Nachbarschaft des Moores geäst und dann im Einstand Moor abgesetzt. Pflanzenarten werden also nicht nur durch Wind und Vögel, sondern auch durch Großsäuger transportiert und in ihrer Verbreitung gefördert.

Bei einer Studie in Norddeutschland wurden insgesamt 59 Pflanzenarten aus der Losung von Rotwild zum Keimen gebracht. Das gab natürlich auch einen Einblick in die Äsungsgewohnheiten der Hirsche. Die weitaus bedeutendste Rolle spielte in der Untersuchung die Brennnessel. Sie ist seit Jahren als beliebte Äsungspflanze bekannt. Rotwild scheint über die endozoochore Ausbreitung der Brennnessel seine eigene Speisekammer attraktiv zu bevorraten. Auch für den an der Studie beteiligten Förster war deren Ergebnis erhellend: Er wisse nun endlich, woher die ganzen Brennnesseln in den Einständen des Rotwildes kämen!

Wie groß die Bedeutung der Ausbreitung von Pflanzenarten durch Schalenwild für das Ökosystem tatsächlich ist, vermögen wir bisher kaum zu sagen – dass sie eine Bedeutung hat, ist inzwischen allerdings unstrittig!

Natur ist niemals statisch

Alle hier geschilderten Phänomene sind Hinweise auf die wichtige Rolle des Rotwildes und des Schalenwildes allgemein im Ökosystem. Der seit Jahrzehnten gebetsmühlenartig wiederholte Spruch „Schalenwild schadet dem Wald“ hat in dieser schlichten Form keine Gültigkeit mehr.

Wer sät, wird ernten: Der Hirsch verbreitet die Brennnessel und äst sie.

Natur und Wald sind keine statischen Elemente. Nicht erst die Ökologie hat uns diese Erkenntnis vermittelt. Heraklit von Ephesos sprach schon von „panta rhei" („alles fließt") und auch Herr von Goethe wusste um die Binsenweisheit der Ökologie: „Das einzig Beständige ist der Wandel!"

Auf Schalenwild und das Ökosystem übertragen heißt dies: Zeiten, in denen ausufernde Schalenwildzahlen den Wald „devastieren", können genauso natürlich sein wie jahrzehntelange rotwildfreie Phasen, in denen der Wald von ihm „unbehelligt" aufwächst. Ein klassisches Kontinuum mit einer festgelegten natürlichen Dichte, unter der der Wald nach forstkonformen Bedingungen unverbissen aufwächst, ist genauso unwahrscheinlich wie eine dauerhafte Großherde, die den Wald in eine wüstenartige Steppenlandschaft verwandelt.

Unter welchen Bedingungen Schalenwildbestände ins Uferlose wachsen oder auch von der Natur in die Schranken verwiesen werden, ob nun Bär, Wolf und Luchs oder Winter, Krankheiten und Naturkatastrophen die wie auch immer gearteten „Zünglein an der Waage" spielen, wissen wir kaum. Wir wissen nur, dass ein dauerhafter „Status Quo" in europäischen Ökosystemen und in europäischen Wildtierpopulationen unter der Regie natürlicher Prozesse sicherlich nicht die Regel ist!

Der Rothirsch – letzter König einer mächtigen Dynastie

Ziehen wir nun noch den Kreis um Wild und Wald aus Sicht der Natur noch ein wenig weiter und beziehen die natürliche Wildtierwelt Mitteleuropas mit ein. Auerochse und Wisent, Elch und Wildpferd würden, hätte der Mensch ihnen nicht schon vor Hunderten von Jahren den Garaus gemacht, die Wälder Mitteleuropas noch mitgestalten. Und der Einfluss der beiden ersteren als klassische „Eintonner" – bis 1000 Kilogramm schwer! – auf die Ökosysteme Mitteleuropas wäre wohl im wahrsten Sinne des Wortes gewichtig. Auerochse und Wisent gelten wie Elefant und Nashorn als so genannte „Bulldozer-Arten", die in der Lage sind, auch schon mehrere Meter hohe Baumbestände niederzuwalzen. Welcher gestalterische Einfluss auf mitteleuropäische Ökosysteme mit dem Verlust dieser großen Tiere wohl einhergegangen sein mag?

Können sie beruhigt in die Zukunft schauen? Werden sie eine Zukunft haben? Dafür zu sorgen, ist unsere Pflicht.

Der Auerochse ist für immer von dieser Erde verschwunden, mitteleuropäische Wildpferdearten gibt es schon lange nicht mehr. Elche und Wisent sind zurückgedrängt in die letzten Wildbahnen Nord- und Osteuropas – ähnlich wie Braunbär, Wolf und Luchs.

Nur mehr der Rothirsch besiedelt fast alle letzten großen Waldinseln unseres Landes. Ihm Raum zu geben, auch über Waldinseln und erklärte Rotwildgebiete hinaus, ist unsere große Verpflichtung. Ihn zu schützen und ihn zu hegen heißt nicht, ihn in großen Mengen zu mästen. Das heißt vielmehr, die großen Landschaften zu erhalten, die großen Landschaften sorgsam zu gestalten und sorgsam zu pflegen, in denen wir und in denen die Hirsche leben.

BERGKÖNIGE

Hohe Zeit des Bergsommers, der blaue Eisenhut stand in voller Blüte. Ich war weit bergan gestiegen und hatte die Grenze der Fichten bald erreicht. Ein gewaltiges Hochtal breitete sich vor mir aus, von haushohen Felsengruppen aufgelockert.

Nur vereinzelte Latschenfelder und hier und da eine Lärche folgten dem Tal hinauf.

In der letzten Bastion der Fichten, einer Gruppe kleiner, vermutlich aber uralter „Bergzausel", die sich auf einem Felsen festgekrallt hatten, richtete ich mich ein.

Immer länger wurden die Schatten, krochen über die Hänge, tasteten sich von Fels zu Fels, von Grat zu Grat, überzogen die Matten und hatten bald das Tal befreit vom gleißenden Licht dieses Tages – Bergabend!

Seid mir nicht gram, Freunde des Heidesommers und des sanften Hügellandes, Freunde in den weiten Wäldern, Mooren und Seen des Ostens, wenn ich freimütig bekenne: jedem sein Reich, mir aber bitte meine Berge!

Dabei gibt es sie gar nicht, „meine Berge". Da ist kein Höhenzug, wo ich zu Haus, kein Tal, in dem meine Wiege stand – und doch lernte ich sie früh und innig lieben: Berauschende Kindheitstage durfte ich in Tirol und in den Bergen Kärntens erleben, zur Studienzeit Admont besuchen, jenes altehrwürdige Kloster am Fuße des Gesäuses in der Steiermark, und in Niederösterreich hinter dem rothschildschen Revierförster Fallmann den Spuren des damals einzigen österreichischen Bären folgen!

Unvergesslich auch jene kurze Begegnung in Wildalpen: Trampend war ich auf dem Weg zum Bärenförster gewesen und hatte eine brennende Laterne unter einem Dach gefunden – ein schöner Platz zum Übernachten und zum Lesen. Bald darauf kam ein bescheidener, freundlicher Mann zu mir und teilte mir mit, dass die Laterne nur brenne, wenn im Leichenhaus jemand aufgebahrt läge ... und ob ich nicht doch vielleicht lieber an einem anderen Ort ...

Ich entschuldigte mich und bejahte, sagte aber auch, dass ich im Moment nicht wüsste wohin – es regnete in Strömen! So brachte mich der Mann in der Pension seiner Schwester unter und ich schlief in einem warmen,

Trollblumenmatten und felsenzerklüftete Bäche im Reich der Berghirsche

weichen, frischen Daunenbett – für ein „Vergelt's Gott". So vergalt selbiger mir den kleinen Frevel des Vorabends im wahrsten Sinne. Gastfreundliche Bergler!

Und dann sehe ich mich wieder mit Karl Fallmann die rothschildschen Berge hinansteigen, vorbei an den lange verkohlten, ja fast schon wieder ausgeblichenen Leichen einstiger Eibenwälder. Laut polternd streicht ein Auerhahn ab. Wir nehmen Platz in einem sehr lichten Altholz. In der Hoffnung auf den Bären verharren wir dort still. Direkt neben uns atmet die „Braunrote Sumpfsitter", eine kleine wunderschöne Orchidee. Ein Alttier und ein Kalb beenden eine großzügige Stunde lang den Abend, kein Gedanke an einen Bären kommt auf, nur wieder – Bergabend!

Die Alpen – größter Rotwildlebensraum Westeuropas

„Es ist die schönste Landschaft der Erde", legte man Alexander von Humboldt einmal in den Mund. Von den Berchtesgadener Alpen soll der berühmte Forschungsreisende gesprochen haben, von der Landschaft rund um den berühmten Watzmann also. Ein gewisser deutscher Patriotismus mag da wohl mitgeschwungen haben, denn die Berchtesgadener Alpen waren damals zwar unzweifelhaft wunderschön – was sie heute in den oberen Lagen immer noch sind! –, aber um so viel schöner als der Rest der Alpen? Humboldt war wohl zu sehr mit anderen Teilen der Welt beschäftigt, um sich einen intimeren Blick in die so vielgestaltige Welt des größten europäischen Gebirges gönnen zu können.

Die Alpen sind der größte zusammenhängende Lebensraum des Rotwildes in Westeuropa. Und dies kommt nicht von ungefähr: Das Hochgebirge und die Unwirtlichkeit der Berge wehren sich am zähesten und erfolgreichsten gegen den Zugriff des Menschen.

Bevor moderne Verkehrswege und Tunnel, Seilbahnen und Skilifte die Berge eroberten, waren die Alpen wohl der letzte große Naturraum Westeuropas. Und von der in Teilen auch heute noch unberührten, großartigen Natur profitiert das Rotwild bis in die Gegenwart: Der österreichische und der Schweizer Alpenraum sind nahezu flächendeckend von der großen Hirschart besiedelt.

Fehlen tut es nur in dicht besiedelten Tallagen und in allzu unwirtlichen Hochgebirgsregionen. In Italien ist ihre Verbreitung in Südtirol ähnlich limitiert. Der restliche Teil der italienischen Alpen und die großen französischen Westalpen sind nur lückenhaft vom Rotwild besiedelt.

Wanderungen, Winterfütterung, Traditionen

Wenn von den Bergen und Rotwild die Rede ist, geht es immer schnell um das alte „Wanderthema": Im Sommer, so berichten Kundige, hätten die Hirsche früher in den Bergen gestanden und im Winter in den Tälern. Da diese Wanderungen aufgrund der intensiven Talnutzung durch den Menschen nicht mehr stattfinden können, muss Rotwild im Gebirge in den Wintermonaten gefüttert werden. So weit die land- und bergläufigen Thesen.

Hubert Zeiler, einer der besten Rotwildkenner des Alpenraumes, zäumt nun das Pferd einmal anders auf: Zwar seien unzweifelhaft viele traditionelle jahreszeitliche Wanderungen des Rotwildes in den Alpen nicht mehr möglich, andererseits hätte auch die Einführung zahlreicher Winterfütterungen alte Wandertraditionen gebrochen. Das Wild sei auf Wanderungen nicht mehr angewiesen gewesen, die alten traditionellen Wanderwege seien nicht mehr von den Alttieren an die Kälber weitergegeben worden und das Wissen um alte Überwinterungsgebiete verloren gegangen. Das Rotwild verblieb sommers wie winters im gleichen Lebensraum, den es vielerorts zwangsläufig übernutzte. Schäden traten plötzlich auf – als Folge der Unterbindung alter Wandertraditionen durch die Winterfütterung! – Die Winterfütterung eine der möglichen Ursachen für Wildschäden auch im Bergwald?

Träfe diese These zu, würde sie wohl zu unserem oft sehr undurchdachten Umgang mit Wildtieren und Natur passen. Es wäre nicht das erste Mal, dass der Mensch Aktionismus entwickelt, um ein bestimmtes Problem zu lösen, und mit seinem Lösungsansatz das eigentliche Problem nur verschärft.

Mit Wildtieren vernünftig umzugehen ist ein weites Feld – und die Bestellung dieses Feldes gelingt nur, wenn wir die Bedürfnisse und das Verhalten dieser Wildtiere möglichst genau kennen.

Golden der Kopfschmuck des Adlers und das herbstliche Kleid der Beeren

„Geht das Rind, geht auch der Hirsch!“
Der Lebensraum des Rotwildes in Mitteleuropa ist zweifelsohne überwiegend der Wald. Die Alpen sind mehr oder minder ein Waldland. Also läge es eigentlich nahe, auch den Alpenlebensraum des Rotwildes überwiegend im Wald zu suchen. Damit würde man aber weder dem Rotwild noch den Alpen gerecht. Sowohl die natürlichen Almmatten oberhalb der Baumgrenze als auch die vielfach geschaffenen Weiden in den tieferen Lagen spielen für das Rotwild in den Bergen eine wesentliche Rolle. Besonders die Kraut- und Graspflanzen der Hochlagen leben in einem sehr begrenzten, lebensfeindlichen Umfeld. Sie haben keine überschüssige Energie, um Abwehrmaßnahmen gegen den Verbiss durch große Weidetiere zu entwickeln. Sie enthalten kaum Bitterstoffe oder giftige Substanzen, dafür umso mehr Eiweiße und zahlreiche Mineralstoffe – Almmatten sind wertvolle Fettweiden fürs Rotwild!

Dabei haben Studien gezeigt, dass die Nährstoffgehalte der Almflächen sogar diejenigen satter Talweiden übersteigen können. Und vor allem: Verbiss auf den Weiden führt dazu, dass die Nährstoffgehalte in den meisten Pflanzen noch ansteigen. Die Beweidung durch Vieh erhöht daher auch die Attraktivität der Flächen für die Hirsche!

Eine Erkenntnis, die zwar im Grunde schon recht alt ist, aber sich erst langsam auch unter den Jägern verbreitet. Jahrzehntelang glaubte man, wenn das Vieh ginge, stünde dem Rotwild mehr Lebensraum zur Verfügung. Jedoch: Wenn das Vieh geht, verholzt das Gras und die Flächen werden auch langsam wieder vom dunklen Wald erobert – die saftigen grünen Weiden verschwinden!

Der drastische Rückgang der Almwirtschaft, der Verlust an Almflächen und damit kulturlandschaftlicher Vielfalt markieren nicht nur einen kulturhistorischen Wendepunkt in der Geschichte der Alpen. Er bedeutet auch, zusätzlich zu alpinen Straßen, Siedlungen und Skizirkus, eine deutliche Zäsur im Lebensraum des Rothirsches!

Die Blüten der Alpenrose und Flechten auf einem altem Stamm – glühende Farben der Berge

„Steinhirsche" – Leben in Eis und Schnee

Eine der interessantesten Erscheinungen in der Rothirschwelt der Alpen sind die so genannten Steinhirsche. Sie leben das ganz Jahr über oberhalb der Baumgrenze. Ein auf den ersten Blick unglaubliches Phänomen – wovon ernähren sie sich im winterlichen Eis, noch dazu bei hohen Schneelagen? Hirsche besiedeln in diesen unwirtlichen Regionen zumeist Kuppen und Rücken, auf denen sich wegen starker Winde in der Regel kaum Schnee halten kann. Sie drosseln im Winter ihren Energiebedarf so drastisch, dass sie von der spärlichen Äsung in diesen kargen Hochlagen leben können. In den kurzen Sommern füllen sie auf den krautreichen, üppigen Bergwiesen die verbrauchten Reserven wieder auf.

Es ist wirklich geradezu unglaublich, in welchen Lagen man den Berghirschen begegnen kann. Einmal flüchtete ein Hirsch vor mir einen Geröllhang hinunter, den ich wohl kaum angeseilt zu betreten gewagt hätte. Er schien eher zu fallen als zu laufen und war meinem Blick nach Bruchteilen von Sekunden entschwunden. Kurze Zeit später tauchte der Hirsch völlig unversehrt kaum 200 Meter unterhalb im Tal wieder auf – für mich grenzte es an ein Wunder, dass der Hirsch weder abgestürzt war noch sich alle Beine gebrochen hatte! Die Fortbewegung in Fels, Geröll und Schnee ist dem Berghirsch so in Fleisch und Blut übergegangen, dass seine Bewegungen, auch dort oben, eine gelassene Souveränität ausstrahlen. Er steht den echten „Berglern", dem Stein- und Gamswild, darin kaum nach.

Bergjägerträume: alter, reifer Hirsch im Morgendunst und Murmel im blühenden Alpendost

Brunft in den Bergen
Ein Bergsee mit großen alten Almen, dahinter aufragend schneebedeckte Gipfel. Zahlreich steht das Kahlwild zwischen den verblühten Dolden des Alpendostes. Ein alter Berghirsch folgt dem Kahlwild des Abends blindlings bergab zum See und immer wieder sendet er seinen Ruf über das schalltragende Wasser.

Unvergleichlich sind die Berge zur Brunftzeit, wenn Bergahorne, Lärchen und Vogelbeeren erste herbstliche Farben tragen; wenn oben auf den Bergmatten des Morgens weiße Schleier liegen und Hirsche von Berg zu Berg, von Hang zu Hang sich entgegenröhren; wenn die Rufe dann mehrfach zurückgeworfen werden von Felsen und Schluchten und das Konzert sich so zuweilen selbst vermehrt – kaum denkbar scheint ein ehrfürchtigeres Ereignis in den Wildbahnen Europas.

„Im Frühtau zu Berge..." – in ein Reich aus Latschen, Matten, Fichten und Fels

IN NEPTUNS NACHBARSCHAFT

Der Ruf der Rohrdommel ist längst verhallt. Schilf- und Schneidegras haben das satte Grün des Sommers hinter sich gelassen und sind zur sandfarbenen Kulisse der Sumpflandschaft am Ostufer der Müritz geworden.

Über einen alten, verfallenen Knüppeldamm pirsche ich weit hinein in die Seggenwildnis. Vom entfernten Ufer des „slawischen Meeres" dringen vereinzelt Brunftschreie über das Ried – Kranichrufe mischen sich in das Rascheln des trockenen Rohrs.

Bis zum Horizont reicht das Meer der Halme, ein kleiner See breitet sich darin aus. Ein Alttier mit seinem Kalb teilt vor mir flüchtend das Ried und zieht scheinbar rinnend durch den kaum einen Meter tiefen See. Eine Schilfinsel nimmt bald die beiden Tiere auf – es sollen nicht die einzigen „Wasserhirsche" bleiben an diesem Abend!

Bald verliert sich der Damm im Ried, endet an einem kleinen, unauffälligen Beobachtungsstand, gerade so hoch, dass er guten Rundumblick bietet.

Mit dem Abebben des Windes wachen die Hirsche langsam auf. Aus bisher stillen Winkeln des großen Uferwaldes melden sich immer neue Stimmen. Im Verlaufe des Abends werden einige von ihnen den Wald verlassen, um in den großen Riedflächen zu brunften – zumindest hoffe ich darauf.

Spiegelglatt liegt bald die Fläche des Sees. Schon scheint sich die erste Stimme eines Hirsches langsam aus der Ufervegetation zu lösen, klar dringt sie über das Wasser. Und indem er aus dem Schilfwald auf den See hinaustritt, rollt unter seinen Läufen die erste Welle langsam auf das diesseitige Ufer. Ganz frei zieht der Hirsch vor dem Ried entlang und wirft eine um die andere Welle auf. Hirsch und Welle – die einzigen Bewegungen in vollendeter abendlicher Stille.

Schilfrohr – das Wasserschloss des Königs

Im mitteleuropäischen Verbreitungsgebiet des Rotwildes ist Wasser mancherorts nicht nur zum Schöpfen gut, sondern bestimmt auch Lebensraum und Rhythmus der großen Hirschart: vom Beweiden der Meeresalgen an der Küste der schottischen Hebriden bis zu den schwimmenden Schilfinseln, den „Plaur“, in den Auen und im Delta der Donau. Der Anpassungskünstler Rothirsch vermag „Aquatisches“ überall für sich zu nutzen. Und in den sumpfigen Rotwildlebensräumen des mitteleuropäischen Binnenlands spielt vor allem eine Pflanze eine herausragende Rolle: das Schilfrohr.

Kraniche und Rotwild: im Nordosten unseres Landes aquatische Kumpane

Welch ein Morgen: im Frühlicht zwei Fürsten, in voller Morgensonne – die Majestät!

Schilf ist eine der konkurrenzstärksten Wasserpflanzen Europas. Dort, wo die klassische Riedpflanze günstige Bedingungen vorfindet, bildet sie großflächig fast artreine Bestände, duldet kaum ein Kraut neben sich. Einer der bedeutendsten Botaniker Europas, Heinz Ellenberg, bezeichnete das Schilfrohr einmal als die „Buche des Wassers“. Denn genau wie „Fagus sylvatica“ die mitteleuropäischen Wälder prägt, dominiert „Phragmites communis“ die europäischen Feuchtgebiete.

Große Schilfbestände sind daher, solange sie nicht dauerhaft und zu hoch unter Wasser stehen, als Einstände äußerst beliebt bei unserem Rotwild. Auf engstem Raum kann die Pflanze, zumindest zu bestimmten Zeiten des Jahres, alle Bedürfnisse der Wildart in optimaler Weise erfüllen: Das ganze Jahr hindurch bietet Schilf mit seiner Höhe von bis zu dreieinhalb Metern und seiner oft sehr dichten Wuchsform optimale Deckung. Wie oft konnte ich beobachten, dass vom sicheren „Port“ des Schilfbestandes aus potenzielle Gefahren wie Fahrzeuge oder Personen in aller Seelenruhe beobachtet wurden.

Während stehendes Wasser im Sommer kein Hindernis darstellt, werden kontinuierlich unter Wasser stehende Schilfpartien im Winter gemieden. Letzteres ist aus energetischen Gründen nachvollziehbar: Das kalte Wasser „zieht" Energie. Genauso leuchtet es ein, dass das Wasser im Sommer gezielt gesucht wird: Es verschafft angenehme Kühlung – obwohl die mancherorts zahlreichen Mücken diesen Genuss sicher oft relativieren ...

Konditorei, Komfort und Brunftarena

Vom Austreiben der Halme im Frühjahr bis hin zur einsetzenden Verholzung im Herbst ist Schilf eine beliebte Äsungspflanze. Das liegt vor allem an seinem ausgesprochen hohen Zuckergehalt, der der Pflanze geradezu den Status einer „Praline" verleiht. Ich kannte vor Jahren ein Alttier, das im Frühsommer die Triebspitzen so begierig aus den Schilfhalmen zog, dass ein weithin hörbares, quietschendes Geräusch entstand. Das Tier verriet sich daher im unübersichtlichen Schilfwald immer schon sehr schnell „rein akustisch".

Neben Deckung und Äsung bietet Schilf aber auch optimale „Komfortbedingungen“: Auf dem naturgemäß feuchten Untergrund finden sich überall geeignete Plätze zum Suhlen.

Und auch zur hohen Zeit des Jahres sind Riedflächen, so sie nicht zu dicht und hoch stehen, optimale Brunftplätze. Hier kann sich die Imponierwirkung des Geweihes voll entfalten und den Hirschen schon auf weite Entfernung Über- oder Unterlegenheit eines Rivalen signalisieren. So kommt es in offenen Brunftgebieten nur sehr selten zu einem energieaufwändigen Kräftemessen. Auch können die Platzhirsche in den offenen „Grassteppen“ das Kahlwild besser zusammenhalten – wirklich große Brunftrudel sind hier häufiger als in geschlossenen, unübersichtlichen Wäldern.

Auffällig ist, dass gerade zur Brunftzeit auch „Wassersteppen“, also offene Wasserflächen, bevorzugt aufgesucht werden. Die Wirkung von Geweih und Körper werden am und über dem Wasser von keinerlei optischem Hindernis eingeschränkt – auf weite Entfernung können sich die Hirsche gegenseitig optisch optimal taxieren.

Und auch das Imponierinstrument des Röhrens findet über dem Wasser eine deutliche akustische Verstärkung – der Schall trägt hier weiter als über bewachsenen Flächen. Wie oft meinte ich, im tiefen Schilf Hirsche auf dem diesseitigen Ufer eines Sees zum Greifen nahe vor mir zu haben, um dann später festzustellen, dass die Geweihten Hunderte von Metern entfernt am jenseitigen Ufer brunfteten. Sie hielten mich zum Narren. Und was uns Menschen zum Narren hält, mag auch dem einen oder anderen Artgenossen imposant erscheinen.

Rothirsche sind ausgesprochene „Seepferdchen“: Selbst für junge Kälber ist das Schwimmen kein Problem. Und erst recht nicht für brunftfreudige, ausgewachsene Hirsche: In der Ostsee liegt eine kleine, unbewohnte Insel, der „Bock“. Sie ist fast vollständig bewaldet und gut 200 Hektar groß. Auf der Insel, die Kernzone des Nationalparks Vorpommersche Boddenlandschaft ist, gibt es keine Menschen. Dafür aber Kiefern, Heide und – Rotwild. Zur Brunft rinnen oft Hirsche durch die „Barther Zufahrt“, eine schmale Ostseerinne, die den Bock vom Festland trennt. Sie freien dort um das Kahlwild und verlassen die Insel zumeist erst wieder mit dem Ende der Brunft.

Souveräner Umgang mit Wasser
Plötzlich auftretenden, großen Überschwemmungen in seinen Auelebensräumen muss das Rotwild jedoch meist nicht schwimmend ausweichen: Als instinktsichere Wildart räumt es meist schon lange vor herannahenden, größeren Wassermassen das Feld. Sicherlich vermag es über eine wie auch immer geartete Luftveränderung die drohenden Fluten schon auf große Distanz wahrzunehmen. Hier handelt Rotwild offenbar weitaus „vorausschauender“ als Rehe, die oft erst reagieren, wenn ihre Lebensräume

bereits geflutet sind. Als „Langstreckenflüchter“ und „konditionsstarker Dauerläufer“ hat Rotwild in der Notsituation allerdings auch hinsichtlich des Schwimmens deutlich bessere Karten als der „Kurzstreckenflüchter“ Reh.

Doch nicht nur mit großen Wassermassen und Feuchtgebieten vermag unser Rotwild souverän umzugehen – selbst kleinste, unscheinbarste „Sümpfchen“ können für die Wildart große, ja lebensraumprägende Bedeutung haben. Normalerweise gehören offene Ackerlandschaften wahrlich nicht zu den bevorzugten Lebensräumen unserer Rothirsche. Zu störend ist hier die stete Präsenz des Menschen – Ruhe und vor allem Deckung fehlen. So finden wir auch in keiner der großen

Majestätisch und souverän – zu Lande, zu Wasser und sogar auf der Flucht

Ackerlandschaften Deutschlands Rotwild, weder in den fast ausnahmslos kultivierten Tälern der großen Ströme noch auf den Schwarzerdeböden der Börden – mit einer Ausnahme: den eiszeitlich geprägten Agrarlandschaften im Nordosten unseres Landes, dem mecklenburgischen und nordostbrandenburgischen Moränenland. Und das liegt vor allem an kleinen, unscheinbaren Tümpeln, den so genannten „Söllen".

Diese Toteislöcher aus der letzten Eiszeit haben sich als kleine Feuchtgebiete der „Kultivierung" durch den Menschen bis heute erfolgreich entzogen und liegen zahlreich oft inmitten großer, arten- und deckungsarmer Ackerfluren. Sie sind nicht nur Heimstatt zahlreicher Wassertiere und Kräuter – und eines guten Teiles der deutschen Brutpopulation des Kranichs! – sie sind fast allerorten wirkliche „Oasen" für unser Rotwild. Im Sommer wächst es den großen Säugern von den angrenzenden Feldern direkt in den Äser. Doch auch im Winter kann

Vier Schattenrisse mit ihren unfertigen jungen Geweihen – Frühlingsmorgen in mecklenburgischer Riedlandschaft

so manches dieser Sölle, das über einen strauchreichen Bestand an Weiden und Holundern verfügt, durchaus attraktiv sein.

Es erstaunte oft, wie viel Rotwild selbst in kleinsten Feldsöllen steckt. Am erstaunlichsten ist jedoch die Vorliebe einzelner, starker Hirsche für die kleinen, feinen Einstände – aus den unscheinbarsten Söllen und den kleinsten Schilfpartien tauchen am Abend oft die gewaltigsten Geweihe auf!

Schwarzwild ist willkommen

Schilf als Lebensraum teilt sich das Rotwild neben zahlreichen Vögeln und Insekten in unseren Breiten meist nur mit einem weiteren Großsäuger: dem Schwarzwild. Und das spielt in Schilfbeständen eine gewichtige ökologische Rolle, die nicht nur dem Rotwild wieder zugute kommt. Sauen durchwühlen naturgemäß frostfreie Böden auf ihrer Suche nach vielseitiger Nahrung. Im Schilf tun sie dies vorzugsweise im Winter, denn dann sind die Nährstoffe der großen Riedgräser in die Wurzeln, die so genannten Rhizome, verlagert. Sauen verwüsten Schilfbestände geradezu, um an die schmackhaften „Untergrundreserven" zu gelangen. Bleiben nach dem Sauenschmaus Wurzeln übrig oder sind sie schon zur Hälfte durch die Schwarzkittel freigelegt, kann auch Rotwild an diese nahrhafte Quelle gelangen. Ohne die vorbereitende Tätigkeit der Sauen bliebe dem Rotwild der unterirdische Teil des Schilfrohres wohl überwiegend verschlossen.

Zudem sorgen die wühlenden Schweine für unterschiedlichste Kleinststandorte im monotonen Schilfwald. Dort, wo intensiv nach Rhizomen gebuddelt wird, entstehen feuchte Senken, während die aufgewühlten Ränder trockener bleiben. Die feuchten „Buddellöcher" werden nachfolgend oft als Suhlen genutzt – natürlich auch vom Rotwild. In jedem Fall bieten die so entstandenen sowohl feuchten als auch trockenen Rohbodenstandorte zahlreichen Pflanzen eine Keimmöglichkeit – Pflanzen, die vormals im einheitlichen Schilfdschungel kaum eine Chance gehabt hätten. Allseits beliebte Äsungspflanzen sind darunter!

An Kraft und Würde gleicht er den Eichen wohl …

WO KÖNIGSWEGE ENDEN

Der Überläufer konnte schwerlich einen guten Schuss haben. Weit über einen Kilometer waren wir ihm inzwischen gefolgt – kein einziges Wundbett, kaum Schweiß hatten wir gefunden. Durch alte, hügelige Laubwälder war es gegangen, nur alte Buchen und Eichen hatten unseren Weg gesäumt. Gelegentlich blitzte ein kleiner See oder ein Moor durch die hellen Stämme – wir waren in der Uckermark.

Jetzt ging die Fährte wieder den Hang hinunter durch ein flaches Moor, das einen See von einem großen Erlenbruch trennte, und wieder hinauf in alte Buchenwälder. Bald führte die Fährte zum ersten Mal in ein dunkles Fichtenstangenholz – hier könnte sich die kranke Sau gesteckt haben. Mein Hund hob die Nase von der Fährte, schwenkte zur Seite und zog gegen den Wind in die Fichten. Als ich folgte, fand ich bald die letzte Ruhestätte – eines Kapitalhirsches!

Das vollständige Geweih, ein skelettiertes Haupt, lose einzelne Rippen, ein paar Läufe und die Decke waren alles, was von dem Hirsch noch übrig war. An der rechten Stange fehlten sowohl Aug- als auch Eissprosse, deren Stümpfe zeugten von massiver Gewalteinwirkung, eines der Jochbeine war gebrochen – deutliche Hinweise auf einen Kampf! Vor uns lagen die Überreste eines Hirsches, der entweder unmittelbar hier an den Folgen eines erbitterten Brunftkampfes gestorben war oder sich die Fichtendickung als Wundbett gewählt hatte …

Wie oft mag dies den Hirschen auf der Höhe ihres Lebens passieren und wie wenig bekommen wir Menschen gewöhnlich mit vom leisen Sterben in der Natur. Wenn Wild nicht durch die Hand des Jägers oder den Autofahrer zu Tode kommt, stirbt es unerkannt, unbemerkt.

Und es verschwindet fast im Handumdrehen: Wildschweine und Füchse, Raben und Adler, ja selbst Meisen und Spechte sind an der sinnigen Verwertung der Kadaver beteiligt, ganz zu schweigen vom dem nur im Sommer auftretenden großen Heer von Fliegen, Aaskäfern, ja selbst spezialisierten Pilzen.

Entspannt und ahnungslos …

Am Ende des Weges – zurück in den Kreislauf der Natur

Des Königs natürliche Gegenspieler

In den wenigen, noch weitgehend unberührten Wildbahnen Europas sind es zahlreiche natürlichere Faktoren, die das Wild sterben lassen. An erster Stelle steht da sicher der Klimaengpass des Winters. Ist er schneereich und dauert er lange an, kann viel Rotwild zu Tode kommen. Vor allem trifft es dann Kälber, schwache Schmaltiere und auch – Hirsche!

Durch die Energie zehrende Brunft kommen viele männliche Tiere geschwächt in den Winter und zahlen hier oft den Tribut für herbstliche „Ausschweifungen". Besonders drastisch wirkt der Winter im Hochgebirge und im kalten Osten Europas – je länger und härter General Winter sein Regiment führt, desto zahlreicher die Ausfälle.

In einigen Regionen des Ostens kommen zum Winter noch Räuber hinzu – und hier vor allem der Wolf. Fast überall, wo Rotwild und Wölfe gemeinsam vorkommen, ist der große Hirsch die Hauptbeute Isegrims. Einzelne Wölfe jagen überwiegend Kälber, Schmaltiere und Hirschkühe. Kleinrudel ab drei bis vier Tieren können aber auch ausgewachsenen Hirschen gefährlich werden. Dabei ist eine vitale Wolfpopulation durchaus in der Lage, den Zuwachs einer Hirschpopulation vollständig abzuschöpfen, ja sogar den Bestand zu dezimieren. Ebenso sind jedoch auch Fälle belegt, in denen Hirschbestände völlig aus dem Ruder liefen, obwohl zahlreiche Wölfe Jagd auf sie machten. Räuber-Beute-Szenarien hängen von so vielen weiteren Umweltfaktoren wesentlich ab, dass der ausschließliche Blick auf die beiden direkt Beteiligten fast zwangsläufig in die Irre führt! Mal begünstigt das Pendel der Natur den Räuber, mal die Beute. Verlässliche Prognosen dazu sind „Russisches Roulett" – zu variantenreich und kreativ ist stets Mutter Natur!

Dem Edelhirsch stellt in Europas letzten Naturlandschaften aber nicht nur der Wolf nach. Schwache Rottiere, vor allem Kälber, werden gelegentlich auch zur Beute erwachsener Luchse. Wenn möglich, hält sich diese Katze aber lieber an kleinere Säuger wie Rehe oder Hasen.

Und auch der Braunbär verabscheut eine Hirschmahlzeit keineswegs: Abgelegte oder noch sehr junge

Kälber können auch von „Meister Petz“ erbeutet werden. Man traut es diesem behäbig wirkenden Gesellen kaum zu: Bei seiner Geschwindigkeit von bis zu 45 Kilometern pro Stunde haben jüngere Hirschkälber kaum eine Chance. Vor allem nach dem Winterschlaf ist der Bedarf des Bären an tierischem Eiweiß groß. Den deckt er zwar sehr oft über Ameisen und winterliche Kadaverreste, doch wählerisch ist er keineswegs ... Verluste durch Bären oder Luchse fallen für den Bestand des Rotwildes in der Regel aber kaum ins Gewicht.

Ebenso unbedeutend sind Krankheiten, Parasiten und gelegentliche Seuchenzüge. Rotwild ist eine ausgesprochen widerstandsfähige Art und eine körperliche Schwächung durch Krankheit wird meist nur im Zusammenhang mit starken Wintern zu einer ernsthaften Bedrohung.

Ungeachtet von Krankheiten und Wintern ist in der freien Wildbahn dennoch mit maximal zwanzig Jahren das biologische Ende des Rotwilds nahe. Der wesentliche Grund dafür ist die dann mangelnde Aufschließung der Nahrung infolge eines kaum mehr gebrauchsfähigen Gebisses. Der älteste Hirsch in Gefangenschaft brachte es dank schottischer Fürsorge jedoch auf stattliche 31 Jahre!

Todesfaktor Jagd

Im dicht besiedelten Mitteleuropa ohnehin, wahrscheinlich aber auch in den letzten Naturlandschaften des Kontinents, ist die Jagd der Todesfaktor Nummer eins für den Rothirsch. Und in den früh besiedelten Landschaften Europas, entlang der großen Ströme und auf den reichen Tieflandböden ist sie dies wohl schon seit Tausenden von Jahren.

Vermutlich ist der Rothirsch das bedeutendste Wildtier in der älteren Kulturgeschichte Europas. Unsere Vorfahren haben ihn gejagt, weil er in ihrem Leben so vielseitig Verwendung fand. Das Fleisch des Hirsches war nahr- und schmackhaft. Getrocknet oder gepökelt hielt es lange und half über den Winter. Fell und Leder lieferten die Kleidung und den Stoff für Hütte oder Lager. Knochen und Geweihe wurden zu Werkzeugen verarbeitet oder dienten kultischen Zwecken. Aus den Mägen, aber auch

Vom Rivalen geforkelt, und doch sind Luchs und Rabe für ihn wohl kaum eine Gefahr.

dem Leder fertigte man Transportgegenstände für Wasser oder Lebensmittel. Verschiedenste Stoffe des Hirsches wurden in ursprünglicher Form oder als Pulver in der damaligen Medizin verwendet. Hildegard von Bingen erwähnte vor über tausend Jahren zahlreiche Heilwirkungen des Hirsches. Vermutlich ist die Jagd auf den Rothirsch so alt wie die Menschheitsgeschichte Europas.

Heute leben wir längst von ganz anderen Dingen als dem Fleisch und den Körperteilen der Hirsche. Und doch hat die Jagd auf den Rothirsch in ihrer Bedeutung für den europäischen Jäger immer noch den höchsten Stellenwert unter allen Jagden auf dem alten Kontinent. Ich glaube, dass die jahrtausendealte Bedeutung des Rothirsches für die gesamte Geschichte, für die Lebenswelt des Menschen in Europa, der tiefste Grund dafür ist. Wenn die Jagd auf ein Tier möglicherweise jahrtausendelang die Geschicke und das Dasein eines Volkes mitbestimmten – ob in rein physischer oder auch kultischer Hinsicht sei dahingestellt –, ist dieses Bewusstsein vielleicht noch tief in uns verankert. Auch hier sind die Wurzeln der Faszination der Hirschjagd zu suchen!

Winter und Wölfe – selbst für den majestätischen Rothirsch ernsthafte Gegner

Früher waren mit der erfolgreichen Jagd auf Rotwild ein voller Küchentopf und ein warmes Fell verbunden – heute sind es meist nur noch Geweihe, Grandeln und ab und zu ein Festtagsbraten. Geweihe und Eckzähne sind seit Jahrzehnten die Zeugnisse mitteleuropäischer Rotwildjagd in Wohnzimmer, auf Hegeschauen und in der Öffentlichkeit. Die vormals so wichtigen Produkte der Jagd wie Kleidung und Nahrungsmittel spielen überhaupt keine Rolle mehr und finden in keiner Jagdschilderung Erwähnung – geschweige denn, dass Rotwildjäger auch das Leder ihrer erlegten Tiere am eigenen Leibe trügen. Wo noch Hirschlederhosen getragen werden, stammen die aus dem Trachtenmodengeschäft oder dem Katalog des Jagdausstatters.

Wären die Jacke oder Hose vom Leder des selbst erlegten Hirsches nicht auch ein überzeugendes Bekenntnis zur Rotwildjagd – eines, das von Nichtjägern vielleicht sogar eher verstanden würde als das Geweih an der Wand? Man verstehe mich bitte nicht falsch: Keinem Jäger möchte ich sein Geweih oder seine Grandeln nehmen, sie mögen ihm stets Erinnerung an erfüllendes Jagen sein! Und doch wären Nahrung und Kleidung neben Wildbestandsregulierung und der unzweifelhaften Freude an der Jagd überzeugende Argumente für unser Tun in der bescheidenen Restnatur Mitteleuropas – für die Ernte eines ökologischen und ethisch verantwortbaren „Fleisch- und Lederproduzenten" in Europa, die Jagd auf frei geborene, unabhängig und wild lebende Tiere!

Hirschjagd!

Die Jagd auf den einzelnen, alten, starken Hirsch ist eine wahre jagdliche Herausforderung zumindest dann, wenn man ihn eigenständig aufspürt, wenn man seine Geheimnisse zu entdecken und zu ergründen sucht und wenn er selten und heimlich ist. Wer seinen „Lebenshirsch" unter Anleitung aus überhegten Massen heraus exekutiert, nimmt wohl nur einen Hauch dessen wahr, was Hirschjagd bedeuten kann. Wer das Jagen auf den König der Wälder lernen will, muss dorthin gehen, wo es nur wenige von ihnen gibt! Wo es eines großen Könnens bedarf, ihn ausfindig zu machen, und oft eines weniger großen Könnens, ihn auch zu erlegen. Die Entdeckung und die Vorarbeiten sind die eigentlich spannenden Elemente der Jagd auf den Hirsch, die Erlegung selbst fast schon das kleinere Abenteuer.

Jagen heißt in erster Linie sich vertraut machen mit dem Verhalten des zu jagenden Wildes und der Summe seiner Gebärden. Gerade so, wie auch der pfiffige Pilzsammler „seine Stellen" kennt und der Schlehensammler „die Hecke" wohl von der des Weißdorns zu unterscheiden weiß, muss auch der Jäger „Wechsel und Wege" des Wildes zu deuten wissen. Dies ist der hohe Anspruch des Jägers, dies zu lernen eine hohe Kunst. Jagd ist in erster Linie Handwerk! Und je besser der Jäger dieses Handwerk versteht, desto weniger bedarf er aufwändiger Mittel, um des Wildes habhaft zu werden, denn: „Je weniger Hilfsmittel, desto mehr Jagd!"

Und Kirrung und Salzlecke, Bewegungsmelder und Geländewagen, Leuchtabsehen und Stiefelwärmer sind wahrlich nur jagdliches Beiwerk. Sie stehen dem Erlernen des Handwerks Jagd meist im Wege, erschweren es

„Jagen auf den König in bunter Herbstwelt – die Krönung jeden Jahres

zuweilen, lenken oft davon ab, lassen es manches Mal gar unmöglich werden. Willst du Jäger werden, nimm deine Waffe, gehe auf deinen Füßen hinaus und lerne jagen!

„Wenn der Wind jagt ..."
Wir waren vier Freunde, noch Studenten, in einer kleinen Jagdhütte in den Ausläufern der Heide. Schon nahe der Elbe gab es hier viele Eichenwälder, im Revier alleine über 500 Hektar jenseits von 100 Jahren. Die Hütte lag mitten im Revier – Waffe schultern und jagen gehen waren eins!

Ende November. Sturm kündigte sich an und die alten Buchen um die Hütte wogen schon am frühen Nachmittag schwer ihre schon unbelaubten Kronen. Wenn der Sturm so anhielt, sollten wir lieber zur Revierförsterei kommen, mahnte der Försterfreund.

Hinaus? Bei solch einem Wetter? „Wenn der Wind jagt, soll der Jäger nicht jagen", tönte es mir von den Freunden dreistimmig entgegen. Verlockend war es wahrlich nicht: Man konnte kaum sein eigenes Wort verstehen und das Rauschen in den Wipfeln schluckte nahezu jedes Geräusch. Und in Stürmen verlieren gerade Eichen gerne und üppig ihre alten Äste! – Trotzdem! „Ungewöhnliches Wetter zeitigt ungewöhnliche Ereignisse", hielt ich den Freunden entgegen und erntete Stirnrunzeln und mitleidige Blicke. Rucksack und Waffe wurden geschultert und draußen war ich.

Laut war der Fußmarsch, vier Kilometer ging es durch wahrhaftig sturmumbrauste Wälder. „Ganz Aug und Ohr sein" funktionierte heute nur zur Hälfte. Also musste ich wahrlich „ganz Aug" sein, da weder das Wild den Jäger noch der Jäger das Wild zu hören vermochte.

Der Sturm tobte und ich wurde kurz schwach. Doch zurück in die Hütte mitten hinein ins „grinsende Inferno" der Freunde? – Niemals!

Eine kleiner, einfacher Sitz war mein Ziel – vielleicht die einsamste Ecke im Revier: direkt an einem vergessenen Wiesenrand, hinter mir ein schmaler Streifen Alteichen, dann ein Gatter mit Douglasien.

Die knorrigen, mannstarken Äste der Eichen reckten sich mir bedrohlich entgegen – sogar der Sitz, kaum zwei Meter hoch, knarrte bei jedem Windstoß. Sollte ich nicht

Und wenn er dann erlegt ist, der erkundete, erpirschte, ersessene, erarbeitete, erlebte alte Recke – dann erfüllt Dankbarkeit den Jäger und Glückseligkeit den Hund!

vielleicht doch besser ...? Nein, die Vision schadenfroh feixender Freunde sollte heute ein Garant für Sitzfleisch sein!

Der hiesige Förster war ein ausgesprochener Freund heimischer Gehölze. Die Pflege des Gatters mit den nordamerikanischen Douglasien hatte nicht oberste Priorität – Rotwild und Sauen fanden zuweilen ihren Weg hinein!

„Nur" Spießer und doch „Lebenshirsch"

Ich richtete mich ein. An gemütliches Lesen wie sonst immer einmal wieder gerne – effektives Jagen hin oder her! – war heute nicht zu denken. Der Sturm verbot jegliche Konzentration auf andere Dinge. Neben mir brachen armstarke Äste, eine Wetterfront jagte die nächste – und neuerliche Zweifel, ob ich es den gejagten Wetterfronten nicht gleichtun sollte, verflüchtigten sich leider nicht so rasch wie die einzelnen Wolkenbilder.

Ein „singender Draht" mischte sich plötzlich in das Heulen des Sturms – das Geräusch, das Wild beim Überfallen eines Metallzaunes verursacht! Ein Sechser vom zweiten Kopf hatte das Douglasien übersprungen und verschwand Bruchteile von Sekunden später schon im Verjüngungsdschungel. Es war Bewegung im Wald, nicht nur in den Baumkronen! Und ein Hirsch kommt selten allein – nur einen Augenblick später stand ein geringer Spießer kaum 30 Meter hinter mir in den Eichen!

Ein schadenfroh grinsendes Empfangskomitee würde mir heute Abend in der Hütte erspart bleiben! Erstaunte, ungläubige Gesichter würden mir begegnen und sogleich umschlagen in helle Freude.

Einen Hirsch hatte ich gejagt, einen ganz schwachen zwar, doch damals bedeutete er für mich die Welt. Und so wird es hoffentlich immer wieder sein – dass uns auch aus der kleinsten jagdlichen Beute die größte jagdliche Freude erwachsen mag!

Jagen – Stunde und Stimmung mit Hund, Wild, Wald und Welt ...

Für Walter, Günther und Vater, die drei „Eifelwaldläufer", die den Grundstein für dieses Buch legten und für Hans-Jürgen, meinen „Waldmeister", der in seiner Person die Lehrerschaft einer forstlichen Hochschule gelassen und genial vereinte und für Frank, von dem ich so viel über das Jagen und die Menschen gelernt habe.

Bildnachweis
Mit 167 Farbfotos von Burkhard Stöcker (163); Wolfgang Radenbach (3): S. 10 o., 51 u., 70; Karl-Heinz Volkmar: S. 28 u.

Impressum
Umschlaggestaltung von eStudio Calamar unter Verwendung eines Farbfotos von Burkhard Stöcker. Das Foto zeigt einen rufenden Rothirsch während der Brunft.

Mit 167 Farbfotos

Unser gesamtes lieferbares Programm und viele weitere Informationen zu unseren Büchern, Spielen, Experimentierkästen, DVDs, Autoren und Aktivitäten finden Sie unter **kosmos.de**

FSC www.fsc.org MIX Papier aus verantwortungsvollen Quellen FSC® C084279

Gedruckt auf chlorfrei gebleichtem Papier

2. Ausgabe

ISBN 978-3-440-13441-2
Projektleitung und Redaktion: Ekkehard Ophoven
Produktion: Markus Schärtlein
Printed in Slovakia / Imprimé en Slovaquie

KOSMOS.

Zum Schmökern und Staunen.

Burkhard Stöcker
Fährten im märkischen Sand
160 S., 169 Abb., €/D 14,99

Wild- und Jagdparadies

Die Schorfheide – wegen ihres Wildreichtums und ihrer traumhaften Landschaften berühmt und ähnlich sagenumwoben wie Rominten. Mehr als ein Jahrhundert wurde das Wildparadies in Brandenburg von den Mächtigen ihrer Zeit als Jagdgebiet geschätzt. Dieser Bildband vermittelt in traumhaften Wild-, Jagd- und Naturfotos die Schönheit der Schorfheide und Ihrer Wildbahnen und liefert interessante Informationen über ihre jagdliche Geschichte.

Robert Ruark
Der Junge und der Jäger
208 S., 20 s/w-Abb., €/D 24,99

Ein herausragendes Werk

Robert Ruark zählt zu den bekanntesten us-amerikanischen Schriftstellern der Nachkriegszeit. In einem seiner beliebtesten Werke erzählt der passionierte Waidmann anrührend von seiner Jugend mit dem Großvater. Von diesem lebensklugen alten Mann erfährt der junge Robert viel über das Jagdhandwerk, vor allem aber auch über Respekt, Würde und Geduld.

kosmos.de/jagd